六年级决定
孩子一生的关键期

◎边　佳/编著

GAIBIAN HAIZI
YISHENG DE
GUANJIANQI

江西科学技术出版社

图书在版编目（CIP）数据

六年级，决定孩子一生的关键期/边佳编著. —南昌：江西科学技术出版社，2010.10
ISBN 978 - 7 - 5390 - 3986 - 2
Ⅰ. ①六…　Ⅱ. ①边…　Ⅲ. ①青春期—家庭教育　Ⅳ. ①G78
中国版本图书馆 CIP 数据核字（2010）第 158965 号

国际互联网（Internet）地址：http://www.jxkjcbs.com
选题序号：ZK2009320
图书代码：D10105 - 101

六年级，决定孩子一生的关键期　　编著　边佳

责任编辑　邓玉琼　李露萍　程宁宁
出版发行　江西科学技术出版社
社　　址　南昌市蓼洲街 2 号附 1 号
邮编：330009　电话：（0791）6623491　6639342（传真）
经　　销　各地新华书店
印　　刷　北京龙跃印务有限公司
版　　次　2015 年 11 月第 2 版第 2 次印刷
开　　本　850mm × 1168mm　1/16
印　　张　15
字　　数　180 千字
书　　号　ISBN 978 - 7 - 5390 - 3986 - 2
定　　价　29.80 元

赣版权登字 - 03 - 2010 - 278

前 言

一把大锁挂在铁门上，铁棒想撬开它，费了九牛二虎之力，也没能打开。小小的钥匙来了，轻轻一抬手，锁开了……

铁棒疑惑：这时代不是靠实力说话吗？

钥匙微笑：我最懂它的心……

等什么呢，开启孩子智慧人生的钥匙就在你手中！没有不会学的孩子，只有不会教的家长、老师，哲学家笛卡尔说："最有价值的知识是关于方法的知识。"给予孩子一个好未来，父母不仅要懂得孩子的心理，更要掌握科学的教育方法。

孩子的生长和发育是个连续而非匀速的过程，存在若干关键时期，六年级就是一个重要的时期。六年级，是孩子即将升入初中的重要阶段，在这个阶段中，孩子的学习压力增加了许多，亲子关系可能出现紧张，甚至一些青春期的问题也随之而来……家长可能会发现，本来成绩不错的孩子，分数开始走下坡路；与孩子沟通的时候，孩子变得爱答不理；更有可能在某一天，家长会意外地在孩子的书包里发现一封情书……在六年级这样一个关键时期，孩子更需要家长关切的眼神、真诚的鼓励和热情的帮助，只要家长能够正确引导，孩子就会顺利度过这一时期。

本书围绕下面几个方面的内容，帮助家长在孩子这样一个充满了“变数”的年龄段，给予孩子最科学、最有效的教育：

第一章　六年级，孩子学习成绩的动摇期

第二章　六年级，亲子沟通的敏感期

第三章　六年级，孩子综合竞争力的提升期

第四章　六年级，孩子人际关系的紧张期

第五章　六年级，孩子思维能力的发展期

第六章　六年级，孩子健康心态的形成期

第七章　六年级，青春期教育的关键期

书中给家长提出了切实可行的建议，使家长既能够全面了解孩子，帮助孩子提高学习成绩和综合素质，又能解决孩子成长过程中可能会遇到的困惑和问题，能给每位家长带来一份喜悦，更带来一份沉甸甸的收获，让孩子以一个全新的姿态奔向人生的又一个驿站。

最后声明，书中部分内容来源于网络，请相关作者与我们联系，愿意支付相应稿酬，联系电话：010－81745237。

边佳

目 录

第一章 六年级，孩子学习成绩的动摇期

兴趣是孩子最好的学习动机 …………………………………… (2)
用兴趣的“甜”代替学习的“苦” ………………………………… (6)
为孩子选择个性化的学习方式 ………………………………… (10)
协助孩子做一个学习计划 …………………………………… (14)
精心利用有限的学习时间 …………………………………… (18)
培养孩子学习上的自我控制能力 ……………………………… (21)
帮助孩子远离考试境遇性焦虑障碍 …………………………… (25)
孩子的考试情绪要适度紧张 …………………………………… (28)
把必要的考试技巧教给孩子 …………………………………… (33)

第二章 六年级，亲子沟通的敏感期

设定合理的期望值 ……………………………………………… (38)

别动不动揭孩子的旧伤疤 …………………………………… (42)
放下“一家之主”的架子 …………………………………… (46)
变“对抗”为“对话” ……………………………………… (49)
帮助孩子排解烦恼 ………………………………………… (52)
倾听是和孩子有效沟通的前提 …………………………… (56)
赏识的言语让孩子乐意与父母沟通 ……………………… (61)
原谅顶嘴的孩子 …………………………………………… (66)
正确对待隐瞒错误的孩子 ………………………………… (69)

第三章　六年级，孩子综合竞争力的提升期

有意识地锻炼孩子的实践能力 …………………………… (74)
在生活中培养孩子的探索能力 …………………………… (77)
发展孩子的观察力 ………………………………………… (80)
让孩子充满好奇心 ………………………………………… (84)
毅力是孩子成才的必要条件 ……………………………… (89)
鼓励孩子大胆尝试 ………………………………………… (93)
想象力比知识更重要 ……………………………………… (97)
培养孩子的领导能力……………………………………… (100)

第四章　六年级，孩子人际关系的紧张期

让孩子摆脱孤僻的阴影…………………………………… (104)
帮助孩子战胜社交恐惧…………………………………… (108)
引导孩子正确处理冲突…………………………………… (113)

不要阻止孩子与成绩差的朋友来往……………………………（117）
友谊 VS 正义 ……………………………………………………（121）
改掉孩子不爱打招呼的坏习惯…………………………………（125）
让孩子学会站在“对面”看问题………………………………（128）
培养孩子的合作精神……………………………………………（132）
当孩子遭遇校园暴力……………………………………………（135）

第五章　六年级，孩子思维能力的发展期

提高孩子思维的灵活性…………………………………………（140）
激发孩子的创新思维……………………………………………（144）
发展孩子的逻辑思维能力………………………………………（148）
帮助孩子打破思维定式…………………………………………（152）
锻炼孩子思维的系统性…………………………………………（155）
培养孩子逆向思维的能力………………………………………（159）
孩子的成长离不开反省思维……………………………………（162）

第六章　六年级，孩子健康心态的形成期

让责任感与孩子的成长同行……………………………………（166）
正确对待追星的孩子……………………………………………（170）
提高孩子的耐挫折能力…………………………………………（174）
科学疏导孩子的逆反心理………………………………………（178）
正确引导贪玩的孩子……………………………………………（183）
帮助孩子摆脱暴躁的脾气………………………………………（187）

不要放纵任性的孩子……………………………………………………(190)
赶走孩子的自私心理……………………………………………………(195)
塑造孩子乐观的心态……………………………………………………(199)

第七章　六年级，青春期教育的关键期

帮助孩子区别友谊和爱情………………………………………………(204)
正确对待早恋的孩子……………………………………………………(208)
当孩子收到了情书………………………………………………………(212)
教会孩子把握与异性交往的分寸………………………………………(215)
孩子“爱”上了老师怎么办……………………………………………(217)
理性面对孩子长不高的问题……………………………………………(221)
科学地对男孩解释遗精现象……………………………………………(226)
让女孩顺利度过月经初潮………………………………………………(229)

第一章

六年级，孩子学习成绩的动摇期

兴趣是孩子最好的学习动机

六年级是孩子在小学学习生活中的最后一个阶段，也是孩子终生学习的一个中转站——小学与初中的接轨点。孩子六年级成绩的好坏，会直接影响到其中学的生活，对孩子的一生具有重要的意义。

然而，就是在这么重要的时期，孩子的成绩却总是会出现“动摇”，忽高忽低，这是因为孩子进入六年级，学习生活发生了一些变化：知识面广泛了，内容增加了，难度加大了，作业量相对多了，所以让孩子有些“应接不暇”。在孩子六年级这一重要的学习阶段，家长如何才能“站得高些，看得远些，想得深些，做得实些”呢？帮助孩子形成良好的学习兴趣是首要关键。

孩子对学习没兴趣的原因

俄国教育家乌申斯基说过：“没有丝毫兴趣的强制性学习，将会扼杀孩子探求真理的欲望。”兴趣是推动孩子求知的强大内在动力，是孩子学习的先导，特别是六年级的孩子，学习压力大，学习内容也日益加深，如果没有兴趣作为强有力的“后盾”，孩子很容易对学习产生畏难情绪和厌倦心理。

现在，许多家长面临的难题是，孩子对学习总也提不起兴趣来，他们爱唱歌、爱跳舞、爱上网，就是不爱学习！

小华小时候，家人都说她非常机灵、可爱。自从她懂事起，父亲就把满腔希望都寄予她的身上，他要求小华将来要比他更有所作为。可是，小华上了六年级后的表现令父亲很担忧。

三四年级时小华便开始喜欢唱歌跳舞，并参加了“苦舞训练班”，她声称这是她的最爱。可能是上五年级时的内容较简单吧，尽管她花在唱歌跳舞上的时间不少，但成绩还过得去。同时父亲也认为在现代这个社会，能有一项自己的兴趣爱好也是挺好的，所以也就没有过多地干涉她。

但六年级之后，学校的功课越来越紧，可小华对文艺的热爱丝毫不减，仍然花大把的时间在这方面，甚至半夜还偷偷起来上网看“超级女声”的比赛，结果成绩一落千丈。

父亲看在眼里，急在心上，他经常批评小华：“学生学生，学习最重要，不要把精力放在唱歌跳舞上！”

“要是考试考唱歌就好了……”小华嘟囔着嘴说。

父亲听后叹了口气，为什么女儿爱唱歌，爱跳舞，却不爱学习呢？

孩子的兴趣不在学习上，原因有以下两个方面。

第一，目标问题。目标决定行为，比如小华称唱歌跳舞是自己的最爱，而父亲并没有过多干涉，从某个角度上来说也是默认了小华的这种价值取向，强化了她的选择。上六年级后，虽然学业难度加大了，功课更紧了，可小华的价值取向并没有变，依然把唱歌跳舞当作生活的主要内容，这也是小华进入六年级了依然花大把的时间唱歌跳舞的原因所在。

第二，意志力问题。意志是有意识地支配、调节行为，通过克服困难，以实现预定目的的心理过程。意志具有引发行为的动机作用，但比一般动机更具有选择性和坚持性，故它可以看作人类特有的高层次动机。构成人的意志较稳定的方面即意志品质，它包含四个方面，分别是独立性、果断性、坚定性和自制力。其中自制力指善于掌握和支配自己行动的能力，与它相对立的意志品质是任性，即不能约束自己的行动。六年级的孩子由于年龄或个性的关系，在心理上还未完全成熟，所以不能较好地控制自己的行为，当面临诱惑，不由得把学习置之脑后。

激发孩子学习兴趣的策略

要想让孩子爱上学习，就要从培养孩子的学习兴趣入手，只有对学习有了兴趣，孩子的学习才有动力。

第一，教给孩子积极的自我暗示。积极的自我暗示就是从改善孩子自身的心理状态入手，让孩子对自己不喜欢的学科充满信心，相信该学科是非常有趣的，自己一定会对这门学科产生兴趣。一位学生对学习地理毫无兴趣，总是怀着一种焦急的心情等待下课铃声。为了培养对地理的兴趣，他作了这样的练习："我喜欢你，地理!"重复几遍之后，他觉得地理不像从前那样枯燥无味了。第二天他在图书馆借了一本有关地理的书，回家后，收拾一下房间，高高兴兴地读了起来，再上地理课时也开始听老师讲解了，后来很喜欢地理，总是急不可待地盼着上地理课。想象中的"兴趣"会推动孩子认真学习该学科，从而导致对该学科真正感兴趣。

第二，了解学习目的，间接建立兴趣。学习目的是指某学科的学习结果是什么，为什么要学习该学科。当孩子认为学习没有太强的吸引力时，对最终目标的了解是很重要的。学习过程多半都是要经过长期艰苦努力的，这种艰巨性往往让人望而却步，而学习又是学生的天职，不能不学，所以家长要帮助孩子认真了解每门学科的学习目的，间接培养孩子的学习兴趣。家长可以和孩子一起看书上的绪言部分，对孩子介绍学科发展的趋势，或从国家、社会的发展前景的高度去看待各门学科。例如，记外语单词和语法规则，常常是枯燥无味的。但记住以后，会给听、说、读、写、译等技能的培养带来很大的帮助，而且考试中也会得高分。如果孩子对学习的个人意义及社会意义有较深刻的理解，就会认真学习各门功课，从而对各科的学习产生浓厚的兴趣。

第三，嫁接原有兴趣。所谓“嫁接原有兴趣”就是指把原有的其他兴趣转移到学习上来，以培养新的学习兴趣。每个六年级的孩子在小时候都有自己特别感兴趣的事，如爱玩汽车、爱搭积木等。到了六年级后，家长就应该鼓励孩子去发现、了解与爱好有关的知识，如怎样当个好驾驶员？汽车是如何发动的？汽车的构造原理是什么？所学的知识中哪些和它们有关系？这样就把孩子对学习的兴趣在原有的基础上发展起来。爱因斯坦当初只对物理感兴趣，不喜欢数学，后来他在向纵深研究物理时发现数学是其基础，便又产生了对数学的兴趣。又如孩子对语文基础知识的学习不感兴趣，而对写作非常感兴趣。这样家长可以让孩子通过写作练习，体会出语文基础知识的学习对写作的重要意义，从而增强对语文基础知识学习的积极性。

第四，培养孩子的自我成功感。培养孩子的自我成功感，可以直接培养孩子的学习兴趣。在学习的过程中每取得一个小的成功，就要对孩子进行鼓励、奖赏，达到什么目标，就给什么样的奖励。有小进步，实现小目标，则小奖赏，如让孩子去玩一次自己想玩的东西；有中进步、实现中目标，则中奖励，如买一本孩子喜欢的图书或乐器等；有大进步、实现大目标，则大奖励，如周末旅游等。这样通过渐次奖励来巩固孩子的行为，有助于让孩子产生自我成功感，不知不觉就会建立起直接兴趣。

第五，用计划来巩固意志。孩子之所以控制不了自己外在的行为，是因为意志力不够强，这一点家长可以用计划来帮助他们。如果孩子爱好唱歌跳舞，又有学习任务，那就订个计划，给孩子规定好唱歌跳舞的时间。最初，唱歌跳舞和学习时间可以对半开。比如，星期一、三、五是唱歌跳舞时间；二、四、六是学习时间，坚决不唱歌跳舞。必须先坚持两周。然后，根据孩子的实际情况，可以再减少唱歌跳舞的时间。比如，每周二和周五唱歌跳舞，其余时间学习。孩子要是达到这样的目标后，再变成每周一次。对一个文艺爱好者同时又是一个要考中学的学生来说，一周做一次自己感兴趣的事情是合理的。

用兴趣的“甜”代替学习的“苦”

家长经常有意无意就能听到孩子抱怨学习“苦”，学习“累”，似乎对学习提不起一点兴趣来，着急之余，却找不到解决办法。

三四年级的时候，汪涵虽然顽皮好动，学习不太用功，但是成绩在班上还是处于前列。那时候作业少，玩的时间多，他生活得非常快乐。自从升入六年级之后，汪涵玩的时间少了，爸爸妈妈的管教突然间好像也“紧”了好多，他每天手忙脚乱，又苦又累，很不适应。

这天，汪涵从学校放学回来，耷拉着脑袋走进了书房。

“涵涵，今天学得怎么样?”爸爸紧跟着汪涵走进了书房。

“不怎么样，累死了!”汪涵有气无力地回答。

“你啊，别身在福中不知福了，我们那时候有学上哪还觉得累啊，都要开心死了。”爸爸不以为然地说。

“那是你们那时候!”汪涵顶嘴说。

“无论什么时候，学习总比爸爸妈妈工作轻松，我们起早贪黑的多累啊！你难道没看见?”爸爸加重了语气。

“你累？我每天学习更累！你们只要每天按时开门摆摊，然后加减乘除算算账，我在学校一会儿这个考试，一会儿那个达标，好像永远有应付不完的事情！”汪涵大吐苦水。

爸爸听了这话心里也来了气：“就你娇气，所有孩子不都一样在学习嘛，你别给我找借口，认真学习！”

父亲说完后拂袖离去，书房里剩下了委屈的汪涵，和那堆他看见了就觉得乏味的书本。

像故事中的汪涵这样对学习感到苦和累的六年级学生不在少数，家长如何引导他们呢？

找到孩子“苦”、“累”的原因

六年级的孩子感到学习苦和累，是一种心理适应障碍，来源于环境的变化，心理的不适，影响学习和成长，它主要有以下几个方面的原因。

第一，因为六年级正是青少年发育成长的旺盛时期，也是学习知识、能力训练、接受教育的最佳时期。所以，在这一时期，学习科目增多，知识面也加宽了。再加上从小学低中年级到高年级，有一个学习环境和学习心理的适应过程。例如，对学习时间长、内容多、作业量大等的适应。因此，有的孩子感到学习紧张，又苦又累。

第二，长期以来，由于传统的应试教育的影响，学校、家庭和社会都追求升学率。孩子要承担多方面的压力，学习负担和心理压力加重，因此也会感觉学习的苦和累。

第三，进入毕业班以后，有的孩子学习方法不当，不会安排时间，缺乏学习指导而引起苦和累的感觉。例如，有的孩子在学习过程中，缺乏积极主动的学习态度。虽然他们也下工夫复习、背诵等，但由于在课前不会自学，课堂上不爱发言，遇到一些难题又不好意思问，所以在学习过程中必然会紧张、乏味，并且感觉到又苦又累。

用兴趣的“甜”来代替学习的“苦”

在孩子的学习生活中，怎样才能避免孩子产生“学习苦”、“学习累”的感觉，让孩子学得轻松愉快呢？家长不妨用兴趣的“甜”来代替学习的“苦”吧！

第一，帮助孩子调整学习心态。家长要帮助孩子调整好学习心态，不要把学习当作负担。如果把学习看得太“死板”、“僵化”，学习就会成为孩子心中的负担。要让孩子明白，完成学习任务，一方面是为自己将来更好地生存打基础，不辜负父母的殷切期望；另一方面，要从乐观、积极的方面来看待学习，学习也可以很有意思，很有趣味性。家长可以让孩子把学习看成一些具有不同文字符号的“游戏”，比如理科运算过程中的解题、证明就好像摆积木一样，头脑中掌握的图样（公式、定理）越熟练，摆出的积木形状就越新颖、多样，让孩子慢慢找到学习的兴趣。

第二，摆正孩子的学习动机与生活追求。在生活中，人们对苦和累的感受也是不一样的。作为父母来说，面对社会上激烈的竞争要起早贪黑、辛辛苦苦地工作，面对生活中的苦和累，为什么无怨无悔呢？因为心中有一个坚定的信念——那就是为了生活，为了孩子们的成长，再苦再累心里也是甜的！

在学习生活中，如果能有一个远大的理想，坚定的信念，为了实现这个理想和信念，就不会觉得苦和累了。对于一个贪图享乐、没有明确学习目的、没有学习热情的人，他在学习过程中必然会感觉到又苦又累，一点意思也没有。相反，对于一个有明确学习目的，在生活中追求完美、高尚，并且有高度责任感、荣誉感的人，他一定会起早贪黑、废寝忘食地学习。

所以，家长要引导孩子摆正自己的学习动机和生活追求，带着孩子一起去发现学习的意义。做到了这些，孩子自然而然就会对学习充满兴趣，再也不会觉得苦和累了。

第三，不要让孩子超负荷学习。六年级的孩子处于小升初的关键时期，父母对孩子学习的关心或重视并不意味着要孩子加班加点地超负荷学习。长时期负担过重的学习，同样也会使孩子对学习缺乏兴趣，感到“苦”和“累”。活泼、爱玩是孩子的天性，父母不能过多地限制孩子玩耍的时间。对孩子来说，玩耍与学习同等重要。父母的重要工作之一就是帮助孩子合理地安排玩耍与学习的时间。正像大容量的电流会熔断保险丝一样，超负荷的学习也会给孩子造成沉重的负担。超负荷的学习带来的痛苦往往会进一步导致孩子的情绪与情感问题，而情绪和情感问题亦会反过来影响和阻碍孩子的学习。

为孩子选择个性化的学习方式

前苏联著名教育家苏霍姆斯基说："教育工作的实践使我们深信，每个孩子的个性都是不同的，而要培养一代新人的任务，首先要开发每个孩子的这种差异性、独立性和创造性。"如果学校教育是一种统一的教育，不能提供个性化因素的话，作为家长，就一定要在这方面给孩子一些补偿，尽可能为他提供个性化成长的空间——只有家长最了解孩子。

小兵今年13岁，上小学六年级，家长为了他的学习伤透了脑筋。小兵在中年级的时候，学习成绩还勉强可以，可自从进入高年级后，他的学习成绩就每况愈下。家长甚是着急，为小兵请来家教，但是效果甚微。家长只好找到老师，请老师给孩子开"小灶"，但是小兵的学习成绩并没见起色。到了六年级，小兵的学习成绩已滑落至班级倒数五名之内，家长急坏了！从此，更加紧锣密鼓地监督小兵学习。他们认为只有这样，小兵的学习成绩才能提高，可是，结果呢？事与愿违！小兵不仅学习成绩没提高，反而更加厌烦、恐惧学习。

生活中，类似小兵这样的例子并不少见。有的家长为了提高孩子的学习成绩，想尽了一切办法，但是不仅没提高孩子的学习成绩，反而把孩子“折磨”得越来越不爱学习，甚至对家长产生逆反心理。尤其是处于六年级的孩子，本来升学压力就很大，再加上家长的“紧迫盯人”，孩子积极、自信、健康的心态很有可能将会被扭曲！对于这些，家长该如何面对呢？答案是：因材施教，根据孩子的个性特点，发挥孩子的个性优势，进行个性化教育。

何为个性化学习方式

“个性化的学习方式”是针对当前学校基础教育中存在的划一化、标准化的传统教育倾向而提出的以适应孩子个性发展的需要，促进孩子个性发展的学习方式。其内涵是按每个孩子不同的兴趣、能力、素质和性格特点，因人制定，因材施教，使每个孩子的个性心理品质和意识倾向在原有的基础上和可能的发展水平上，获得长足的进步，使孩子在思想品德、智力水平、劳动习惯和身心素质等方面得到生动活泼的发展，并形成自己的个性特长。

要强调的是，“个性化的学习方式”不是孩子想怎么学就怎么学，凡事以孩子为中心，完全不顾及其他，而是要求家长静下心来仔细观察自己的孩子，他到底是什么样的性格，性格上有什么优点，有什么缺点，他的爱好是什么，然后再像一个细心的园丁一样把孩子身上的不利于成长的枝枝蔓蔓修剪掉，帮他们寻找最适合的学习方式，让他们茁壮成长。

尊重孩子的身心发育规律，不要拔苗助长

家长要注重孩子的发育规律，不要拔苗助长，比如，孩子不适合做奥数题，就别强逼孩子去学，因为如果孩子跟不上，就容易打击孩子的自信心，使孩子对学习产生畏惧心理。要注意让孩子置身于水平相当的学习环境中，这样有利于激发孩子的竞争意识，既不至于因同伴太过优

秀而产生压抑和失落感，也不至于因同伴太差而懈怠。

心态平和，不要把分数看成唯一

练习并不是越多越好的，题海战术也许短期内会使孩子得到高分，却会加重孩子的负担。孩子的作业量应以掌握知识为目的，适当地复习以加深印象。由于学校布置的作业是以大多数同学为标准的，因此，在孩子已掌握了知识的前提下，可允许孩子做学校的作业时打折扣，不要逼迫孩子去做那些简单重复的题目，那样会导致孩子的厌学情绪。少做点题目可把重点放在培养孩子的学习能力上，孩子的后劲将是很大的。当然，如果孩子某个知识点比较薄弱，则可视情况适当地为孩子开开小灶。

允许孩子选择适合自己的学习方式

每个孩子喜欢的学习方式是不同的，有的孩子喜欢通过讨论强化知识的学习，也有的孩子喜欢独立学习，静静思考；有的孩子喜欢通过构词法来帮助记忆英语单词，而有的孩子则善于通过阅读增加词汇量。家长要尊重孩子的学习方式，帮助他们更有效率、更快乐地学习。

丁智明是班上的数学尖子，他把学习时间全部花在数学竞赛上，让其他课目的老师为他捏了一把汗。期末考试前，他花上几星期的时间“抱佛脚”，各门功课考试最后都侥幸过关。章涛是丁智明的好友，本学期他参考丁智明的方式，结果期末考试有两门功课挂了“红灯”，他的自信心也由此受到重创。

有些孩子的学习成绩永远是一个相对值，在竞争激烈的环境中他的成绩会好些，而在竞争并不激烈的环境中，他也随大流——成绩平平；有些孩子可以在很长一段时间里集中精力完成一件工作，因此他们参加一般性的考试，成绩往往很高；有些孩子面对选择题的四个选项，先提笔勾了A，很快地又改成B，不一会儿又涂了改成C，几番折腾，等离开考场后才发现正确的答案是A；有些孩子课堂上反应快，接受能力强，可不注意对知识的消化、整理，忽视细节，结果看起来学得不错，可是一点都经不起检查。可见，孩子的性格与学习成绩之间确实有着微妙的内在联系。家长要尊重孩子的选择，允许孩子选择适合自己的学习方式。

创建有利于孩子个性化学习的心理环境

家长要尊重孩子的个性和人格，尊重孩子的兴趣和爱好，营造一种民主和谐、充满人文关怀、崇尚个性、追求独特风格与创新精神的文化氛围，使孩子处于一种愉悦的心理状态中，促进孩子的个性化学习。不要为了自己的虚荣心，盲目跟风，不管孩子是否有这方面的兴趣，把自己的意愿强加在孩子的身上，逼迫孩子去参加各种兴趣班，学习各种特长。

总而言之，世上没有两片完全相同的树叶，没有两个完全相同的人。每一个孩子都是世界上独一无二的，想要孩子在学习上更上一层楼，就应该帮助他们在学习中采用个性化的学习方式。

协助孩子做一个学习计划

“凡事预则立，不预则废”，不管做什么事，如果是先有了打算，往往能取得好的效果，否则就有可能失败。学习也是一样。做学习计划有三个好处：可以帮助孩子克服惰性和倦怠，尤其是当孩子的学习计划配合家长适当的奖励制度时会更加有效；设定目标，按照计划有条不紊地行事，还可以将孩子易波动的心态调整并维持在最佳状态；孩子如果按时完成了学习计划，还有利于孩子增强自信心、激发孩子的学习潜能以及解决困难的勇气。

下面介绍制订学习计划，实施学习计划时应该注意的几个方面。

“协助”孩子完成学习计划

在做学习计划的时候，对家长尤其需要强调的是“协助”二字。学习计划应尽量让孩子在对自己有“明确的学习目标，了解自己的具体学习情况，正确地评估自己能力”的前提下，自己制订，父母最多提些建议。因为如果父母替孩子制订，一方面父母不了解孩子的情况，另一方面也要讲究民主的原则，否则孩子易出现逆反心理——你制订你的计划，反正我是不会照着做的。这样就不如不制订计划。

计划要全面、具体

孩子的主要任务是学习，同时还有劳动、文娱活动、体育活动、游戏、交往等内容。家长指导孩子制订计划，应该包括德、智、体各方面的安排，当然，学习是其中最重要的部分。另外，一份计划上不能只出现学习的大概时间和科目，而是要有具体的章节安排，比如，在特定的时间内做哪些科目的习题，看哪些科目的笔记等，制订具体的计划才能真正地体现出计划的价值，发挥出计划本身的优势。

计划要体现重点

在制订计划时，应该辅导孩子在时间的分配问题上有侧重点。如，对孩子的“非优势学科”要计划出足够的时间，在复习知识的重点和难点时，计划的时间也要长一些。当然，这并不代表要忽视一般知识和优势学科的学习。我们的原则是——抓住重点，兼顾一般。

合理安排好各学科的学习

当孩子制订学习计划时，家长最好能让孩子对单一科目的学习时间做出适当的控制，使孩子在最短的时间内完成单一科目的学习任务，从而提高学习的效率。另外，也要让孩子在计划中体现交替学习的特征，规定好在特定的时间内学习文科性质的功课，在另一个特定的时间段内学习理科性质的功课，使之交叉学习，避免出现学习疲劳。

在计划中安排出可自由支配的时间

学习计划除了安排好常规学习时间（这个时间是用来完成老师当天

布置的学习任务，“消化”当天所学的知识的）外，还应该教育孩子安排出自由学习时间。自由学习时间，即可归孩子自己支配的学习时间。利用这段时间，让孩子弥补自己学习中的欠缺，深入钻研，开展自己的优势和特长项目。总之，安排出可自由支配的时间是学习计划中不可或缺的部分，而且应当成为制订学习计划的重点部分。

学习计划要有弹性

学习计划的制订要有弹性，比如争取在期中或期末考什么名次，目标可以分好、中、差三个层次，争取实现最好，力保中等目标，至少要到第几名，这样既有压力，又有弹性。否则，压力过大，会使学习安排得太紧，导致实现计划时会有很大的难度，甚至会使计划落空。

计划可以调整，但是不能放弃

如果周围的环境、孩子的身体状态、学习内容的深广程度等方面发生变化或者之前制订的学习计划已经不合时宜了，要懂得对计划及时加以调整。比如，孩子按照既定的学习计划学习时，常感到犯困、疲惫、紧张、头痛等，就可以将每天学习的时间减少，以保证孩子学习起来精力充沛，效率高。另外，孩子往往由于缺乏意志力，容易虎头蛇尾。故能否坚持执行学习计划是计划实施过程中最难也是最重要的一个环节。家长要让孩子了解到，学习是一个周期比较长的过程，今大的努力，并不能在明天就立刻能得到相应的回报。学习是一个由量的积累引起质的飞跃的持续过程。学习如果半途而废，最浪费时间与精力。所以在实施计划时，当孩子短时间内看不到进步，要告诉孩子：不要焦急，更不要气馁、轻言放弃。

不过分关注计划的结果，只管去尽力实施

孩子在执行计划的过程中，容易对自己努力的结果过于担忧。因此，家长要教育他们，不要过分关注计划实施的结果，为学习计划最后能否兑现而感到过度的焦虑和恐惧，只管脚踏实地地努力学习，尽力就好。

精心利用有限的学习时间

许多六年级的孩子在这一重要的学习阶段，表现出时间观念的淡薄。对于每一个孩子来说，如何高效地管理自己的时间直接影响到孩子的学习效率。作业不能按时完成、考试不能按时交卷、上课总是迟到、一天到晚匆匆忙忙却徒劳无功等等，这都属于孩子缺乏时间管理策略的表现。这不但不利于孩子良好学习生活习惯的形成，而且对孩子的身体和智力发育都存在较为严重的不良影响。那么，怎样才能让孩子精心利用有限的学习时间，轻松快乐地学习生活呢？这就需要孩子具备一定的时间管理策略。

高效利用最佳时间

在不同的时间里，人的体力、情绪和智力状态是不一样的，也就是说，学习时间的质可能是不一样的。因此，要让孩子在不同质的时间里安排不同的学习活动，例如，要在孩子生理功能旺盛、精力充沛的时候，从事最重要、最紧张的学习活动，以便最有效地利用学习时间。

首先，要根据孩子的生物钟安排学习活动。科学家已证实，人体内存有体力、情绪和智力三种周期。每个周期控制着各自的机能水平，如智力周期控制着人的学习能力、记忆能力和逻辑思维能力，以33天为一个周期。人的体力大约23天为一个周期，人的情绪大约28天为一个周期。每个周期中，又区分为高潮期、低潮期和临界期（高潮期和低潮期两段起始的零线）。高潮期也就是学习的最佳时间。人的智力周期的高潮期，逻辑思维能力强，工作效率高；低潮期反应较迟缓；临界期就更差。

其次，要根据孩子一周内学习效率的变化安排学习活动。一周之中，由于长期的双休制，也形成了智力周期。星期一和星期五临近休息日，智力机能有下降趋势。

再次，要根据孩子一天内学习效率的变化来安排学习活动。在一天中，人的智力也是存在周期的。由于每个人在一天中的新陈代谢状况和大脑机能状况不同，其最佳时间也就因人而异了。有的人是白天型的，早睡早起，一觉醒来，精力充沛，大脑活跃。而有的人则是夜晚型的，一般早上状态不佳，到了下午逐渐精神起来，夜幕降临时，脑细胞随之转入兴奋状态，精力专注，尤其到了夜深人静时，大脑异常活跃，学习效率很高。还有的人是混合型的，容易适应生活环境和作息制度，不管任何时候，只要经过充分休息后，就可以达到最佳状态。当然，孩子的学习主要是在白天，因此，晚上不宜睡得太迟。

时间安排要灵活和机动

有个小学六年级的学生在期末迎考时制订了这样一个计划：5：30起床，5：45～6：05背诵英语单词，6：05～6：20朗读语文课文，6：20～6：50吃早饭，7：00～7：20复习数学、物理。这样的计划有些机械，有些呆板，缺乏灵活性。如果由于某一天的英语单词量特别大，在计划时间内不能完成，就必然会使接下来的计划受到影响。同时时间也定得太满，太死板。事实上，这样的时间计划是无法长期贯彻执行的。

好的时间计划应该是留有余地、富有弹性的，比如规定早上花 20 分钟读英语单词、15 分钟朗读语文课文，可行性就要大得多。

学会挤时间

时间就像海绵里的水，只要愿意挤，总会有的。善于利用零星时间的人，才会做出更大的成就来。怎样教会孩子利用空隙时间呢？方法很多。比如，在无所事事的时候不要发呆，找一本书来读；看课外书的时候随手记下一些资料；外出游玩的时候认真观察景物，为写作文收集素材；在口袋里放一些英语单词卡片，有空就拿出来记一记；与同学闲聊的时候和他们讨论一下学习上的问题，等等。最主要的是培养孩子珍惜时间的意识，有了这个意识，孩子自己都会想到一些办法把空隙的时间利用起来。

培养孩子学习上的自我控制能力

自控能力是人的一种自觉的能动力量，主要是指在改造客观世界中控制主体自身的一种特殊的能动性。自控能力不能理解为消极的自我约束，它是一种内在的心理功能，使人自觉地进行自我调控，积极地支配自身，排除干扰，使主观恰当地协调于客观，并采取合理的行为方式去追求良好的行为效果。

心理学家研究发现，有30%的六年级学生虽然有自觉学习的能力，但是仍然不会自觉地去学习，总是要家长不断地督促。另外，上课注意力不集中，爱做小动作，写作业时边写边玩等，这其实都是因为孩子的自我控制能力比较差。这些问题并不会随着时间的推移而好转，需要家长、老师和孩子本人共同努力来解决。家长作为孩子最为亲近的人，在这个教育过程中起着很重要的作用。

张广厚是我国当代著名的数学家，他和杨乐合作，在函数研究中取得了举世瞩目的成就。他们两人首先发现了高等数学领域函数值中“亏值”和“奇异方向”之间的具体联系，因此而跨入世界著名数学家的行列。

也许大家不会想到后来成为大数学家的张广厚，小时候是个贪玩不上进的孩子。小时候的张广厚学习成绩并不好，尤其是在他后来作出巨大成就的数学学科上，成绩很不理想。

童年的张广厚特别喜欢独自望着天空，看白云飘荡，看小鸟儿自由地飞翔，看雄鹰矫健地翱翔。那时候，他曾想过，自己如果也能像天上的雄鹰那样在天空任意翱翔，像水中的鱼儿那样自由穿梭，该多好啊！可是，幻想归幻想，离开了现实的世界，那只不过是空想。小广厚在学校里的学习并不用功，上课思想开小差，甚至经常一个人独自观望窗外，或是趴在那儿琢磨“车”、“马”、“炮”，棋艺虽然提高了，学习成绩却是一塌糊涂。

马上就要考中学了，当很多人开始准备为升学考试埋头苦读时，小广厚的心依然遨游于天空和水底。不要说去自觉学习了，就是上课的时候也还是老样子，人在教室中，心在课堂外。课堂上不用心听，加上课后作业又不认真做，结果，连中学也没有考上。

这对小广厚打击很大。父亲看着丧气的儿子，没有过多的责骂，只是意味深长地对小广厚说了句：“儿子，古人有言，所谓‘业精于勤而荒于嬉’啊，想学好知识就要用心，学会自律。没有付出，哪有回报。你在课堂上就没有好好听讲，老是开小差，老师批评，你却屡教不改，这次你该反思反思自己了。一个没有点自制能力的人，一个屁股黏不住凳子的人如何能学好呢？”说完父亲就走回自己的房间去了。

自此，小广厚铭记父亲的教诲，刻苦学习。无论是课前预习、课堂听讲还是课后作业，都是认认真真的。虽然，转变开始，以前的开小差的老毛病还要时不时地犯上几回，但每次都想起了父亲的教诲“不能自律就学不好知识”，于是就又慢慢收回了不小心跑出去的注意力。

终于，广厚学有所成，他如一只矫健的雄鹰，自由地翱翔在自然科学王国广阔的天空里。

自控能力，能够保证人的活动经常处于良性运行的轨道上，从而可以积极、持久、稳定、有序地实现一个又一个目标。每个家长都希望自己的孩子也能像张广厚那样能知过改错，成为一个自控的人。那么，家长具体应该怎么做呢？

家长要以身作则

要教会孩子自控，家长得向孩子展示自控，因此家长要当一个活生生的自控榜样。生活中孩子最容易模仿的对象是父母，父母自控力的表现会影响孩子自控力的发展。比如有位妈妈跟朋友打牌，孩子就坐在电视机旁做作业；周末爸爸妈妈没按时起床，孩子也趁机躺在床上看小说，放弃英语早读；父母忙起来顾不上整理房间，孩子书桌上书本、卷子、作业本也越堆越乱……所以，一个冲动的、情绪不稳定的、行动缺少自制的父母，必须先教育自己增强自制力，才能帮助孩子建立自制力。

给孩子定下规则

家长要明确无误地给孩子定下要求，而且以后要坚持实践这些要求。比如，许多男孩子迷恋游戏，许多女孩子痴迷言情小说，结果不仅成绩下滑，还精神不振。其中有的孩子意识到问题的严重性后，说不看就不看，自控力非常强；而有的孩子则管不住自己。这就需要家长制定规则，来帮助孩子培养他们自我控制的意志力了。

有位父亲是这样对孩子的。

儿子自制力很差，做事丢三落四，学习用品乱扔乱放，看电视没完没了，作业马马虎虎，弄得学习和生活都一团糟。父亲决定通过规则和纪律，来帮助儿子拥有自制力。他先找儿子谈心："作息没规律，不但损害身体，而且影响学习，甚至会弄得人心情很差。"

孩子说："我也想改正缺点，可就是控制不住自己。"

父亲说："那就让规则来帮助你。"

通过讨论，父亲和孩子签下暑期规则：每天只吃一次冷饮；每天看半小时电视；做完一门功课，收拾好课本再做另一门功课；晚上 21：30 上床，背完单词后熄灯；平时出去玩最多 1 小时。

规则不多，只有 5 条，但订了就坚决执行，不马虎不迁就，更不允许任性骄横，为所欲为。两个月时间，孩子进步神速。因此，给孩子订立规则，要求他持之以恒地执行规则，对于自控力的培养十分有益。

家长也可以参考故事中父亲的做法，和孩子“约法三章”，相信会有一定的成效。

帮助孩子思考可能产生的结果

要想培养孩子的自控力，家长还要随时帮助孩子思考可能产生的结果，然后引导孩子去做出正确的决定，让孩子知道“为什么要这样做，不要那样做”，使孩子逐渐形成评价自己行为和情绪的能力，掌握相应的规则。有的父母总觉得和孩子讲道理是白费力气，不如直接命令，其实真正的自控恰恰来自于孩子的理解。父母既不能无原则地迁就孩子，又不能放弃耐心说服，坚持这样做，孩子就会掌握一套评价自己行为的规则，达到真正的自控。

帮助孩子远离考试境遇性焦虑障碍

什么是考试境遇性焦虑障碍呢？还得从考试怯场说起。考试怯场是一种比较普遍的现象，在任何考试的场合都可能出现。怯场是一种短暂性心理失常现象，是由于各种原因造成心理过度紧张所致，表现为原来已经熟记的材料、熟练的动作不能重新回忆、再现或再做。更有甚者，有些孩子一迈入考场，便会出现突如其来的头晕（俗称晕场）、目眩、心悸、恶心等症状，并因心理过度紧张而使实际水平得不到正常发挥，造成考试失利。心理学上称之为“考试境遇性焦虑障碍”。

那么，家长应该怎样做，才能使自己的孩子远离这种考试焦虑呢？

让孩子把考试当作平常事

小雪，小学六年级学生，品学兼优。最近，小雪发现自己考试时精力无法集中在试卷上，一拿到试卷不是先看题而是先看其他同学。如果看到其他同学在不假思索地流畅答题，自己就变得极其紧张，手脚大量出汗，还心悸、恶心，认为自己这次肯定要落后了，越是这么想就越难集中精力，成绩因此急剧下降。

小雪的这些表现便是一种很典型的考试境遇性焦虑障碍。要想克服这种症状，家长首先需教育孩子尽量以一种平和的心态看待考试，让孩子明白：考试其实是教学过程的一个组成部分。学校或者老师通过考试，推动学生对所学课程进行系统的复习，从而加深理解，进一步巩固知识。比如模拟考，它的目的无非是检查学生的知识掌握情况，查缺补漏，以便今后的复习。因此，没必要把它看得太重。应将注意力集中在知识的学习和理解上，真正地掌握所学知识。此外，还应让孩子正确认识自己，对自己有信心，不要给自己定过高的目标。只要能力争从每一次考试中发现进步和收获即可。同时，要在心里记住自己和同学其实有着共同的目标，其他同学在这种特殊时期也同样会紧张，同样有答不出来的题，以此缓解孩子因考试带来的巨大心理压力。

教给孩子怯场时的对策

为了防止孩子在考试中怯场，家长可以在考试前告诉孩子一些应对怯场的策略。

第一，兴奋转移法。若怯场现象发生，应立即转移兴奋点和注意力。如抬头向窗外远望，或者观察老师的服饰、表情，或者想一小会儿自己最感兴趣的事情，等平静下来再开始做题。

第二，药物助控法。吞服或口含几片仁丹等清凉药物，或在太阳穴上搽一些清凉油、风油精等刺激性药物等。另外，也可服用板蓝根、菊花茶等有清热降火作用的东西，保持头脑清醒。

第三，想象法。想象一个使人松弛、愉快、舒适的状态或情景，这种方法可以使孩子暂时终止对眼前事物的思考，消除紧张情绪。或让孩子用自我暗示法在心里不断地提醒自己：今天精神好，头脑也很清醒，一定能考好……这种反复提醒也有助于缓解孩子的紧张情绪。

第三，深呼吸放松法。深呼吸，并不能简单地望词生义，错误地理解为用力的吸气和呼气。正确的方法为：用鼻子徐徐吸足新鲜空气，屏住呼吸数秒，拢起嘴唇（形状像吹口哨样子）用嘴使劲吐出小部分气，稍停片刻，再继续吐一小部分。如此反复数次，直至肺内气体吐完为止。整个过程应是平静地进行，连自己也听不到呼吸声为宜。同时，吐气时应缓慢。其次，还应用鼻吸气。这种方法同样可以有效地排解焦虑和紧张情绪。

让孩子学会及时平息突然间的慌乱

有时，孩子可能因为在考试时遇到了难题，或是碰到笔坏了一类的意外情况，或是冷不防从脑海里迸出“我要失败了”等消极想法，便突然慌乱起来。家长可以事先交给孩子一些应对方法。第一，暂停作答，闭合双眼，轻轻地对自己说“放松”，重复六次，并注意体验全身松弛的感觉。第二，利用深呼吸进行调节。第三，中断自己的思路，果断地对一些慌乱的想法说“停”，等自我感觉情况好转后，再迅速转入正常作答。

缓解孩子考试进行中的身体疲劳

在考试当中，家长可以建议孩子不时进行一些调整状态的短暂间歇，如伸展四肢和腰背，活动手腕和头颈，摇摇手指关节等，这样才不至于过分紧张或疲劳，才能维持良好的机能状态。另外家长要叮嘱孩子，在考试过程中尤其要预防手部疲劳，很多孩子在答题时会感到手指非常紧张，严重时感到握笔和写字非常困难，这对考试的心情、状态都有很大的影响，孩子这时候应该先放下笔，活动活动手腕，手臂自然下垂，轻轻地摇一摇；也可以双手交叉按压指关节，双手举至面部自上而下干洗脸 5～6 次，让手放松。

孩子的考试情绪要适度紧张

孩子考试的情绪表现会直接影响考试成绩。这种情绪表现主要有3种情况：过度紧张、适度紧张、满不在乎。其中，适度紧张是最佳状态。在这种状态下，孩子信心十足、精力集中、思维敏捷、答题准确，考试常常会有超常发挥。

文迪小升初模拟考试的成绩出来了：数学考砸了；语文本来就是弱势科目，现在并没能在原有基础上取得突破；英语虽然是强势科目，可是却出现了较大失误，他的成绩和排名降至历史最低点。他在沮丧和难受中度过了一整天。

晚上9点，当母亲参加完学校专门为六年级家长举办的大型会议后，立刻和往常一样，给在家里的孩子打了个电话，通报一下回家时间。

文迪声音低低地问："知道数学成绩了？"

母亲一听就意识到了什么，但还是实事求是地说："不知道啊，我根本没有看到你们老师。怎么，考得特不好吗？"

"嗯，特别不好。"

"别多想，我一会儿就到家。"

撂下电话，母亲连忙往回赶，想快点到家安慰安慰文迪。

一进家门，母亲像往常一样喊了一声："我回来了……"出来开门的儿子没有往日的欢快，一脸郁闷。

"真的有这么严重吗?"母亲搂着儿子的肩膀晃了晃。

"嗯，才70分出头。"儿子撇了撇嘴苦笑着。看得出，从前几次考试都是90多分突然掉到70多分，他心里确实不好受。

母亲一边理性分析考试失误的原因，一边安慰文迪："不过，依我看也未必不是好事。现在发现漏洞还来得及补上。振作点，继续努力吧!"

文迪做完作业后已经10点多了，为了不影响他睡眠，母亲什么都没和他说。她想，还是给孩子一点时间自己减减压吧。考试前保持一种适度压力，对考出最佳成绩是大有帮助的。

果然，母亲第二天下班后发现，文迪正在家里一下一下地托举哑铃锻炼身体呢。从文迪的表情上看，妈妈知道儿子的危机已经解除了。

有些父母和孩子会认为，考试只有一点儿都不紧张，才能在考场上正常发挥。这是一种不切实际的想法。实际上，每一个正常人，考试都会产生一定程度的紧张情绪。所以，不能因为一感到紧张和压力，就怀疑患有考试焦虑症。

适度紧张的通常表现是：它会让孩子有一种时间上的紧迫感，从而使复习处于兴奋状态，不容易产生疲劳；晚上睡觉虽然没有以前那样踏实，可是醒来后会立即精力充沛；进入考场前会心跳加速，拿到考卷后也会心绪难平，但很快就能专心致志地作答；有时候一想到考试便会觉得紧张，可是只要一进入学习状态，这种症状就会消失。

适度紧张是大脑神经机制作用的结果。人脑经过千万年的进化，在认识现实世界时，具有预测现实危险的能力。当面临的重要事件可能会极大影响一个人的利益和前途时，大脑就会自动处于一种适度的紧张状态，提醒人们不要"大意失荆州"。

家长帮助孩子正确看待适度紧张与考试分数之间的关系，主要把握以下几点。

适度紧张的依据

适度紧张对考试有利是有科学依据的。让孩子保持适度紧张，有利于考试时发挥出比平时水平更高的竞技状态。科学研究表明，心理压力与考试成绩之间的关系呈“⌒”状。

⌒的一侧下端部分，表现为紧张程度过低。这时候孩子的大脑保持在一种低唤醒状态，会感到学习乏味无趣，考试时容易对题目产生轻视和马虎现象。这就是为什么许多成绩很好的孩子，考试时基础题反而常常会丢分的原因。

⌒的另一侧下端部分，表现为紧张程度高。这时候孩子的大脑处于一种过高唤醒状态，学习兴趣被淹没，考试时最容易出现以下两种不良状态：一是组织答案有困难。明明知道答案，却完全没有头绪，无法顺利地用文字加以组织，当然就不能得高分了。二是出现认知阻断。落笔时头脑一片空白，什么都想不起来，等到答案想出来了，考试时间也到了；或者要到交卷后，才会想起答案来。

显然，处于两者之间的适度紧张，无论对复习还是考试都最有利。

父母要帮助孩子把握紧张度

适度紧张对复习效果和考试成绩的影响极大，可遗憾的是，目前的独生子女在面对小升初这样的重大人生抉择时，普遍重视不够。最常见的情况是：父母的压力普遍要比孩子大许多。

有的孩子因为年龄还小，对考试的重要性认识不够、重视不够，用父母的话来说就是“还不懂事”、“不开窍”，所以紧张不起来；有的孩子是因为第一次面临这样的大考，不知所措，无法应对，导致过度紧张……

鉴于此，父母应当帮助孩子把握好紧张度。一方面，不要因为对孩子的期望太高，就无形中把压力传递给孩子，甚至直接对孩子施压，提出一些不切实际的要求，如“至少要考×××分”；另一方面，切忌对孩子唠唠叨叨，说些“你要加把劲啊”、“你一定要考好呀”之类的话，从而引起孩子的逆反心理，也加重了他们的思想包袱。

适度紧张有三大窍门

适度紧张既然有如此神奇的作用，那么，怎样才能培养孩子适度紧张的状态呢？

第一，劳逸结合，有张有弛。每当考试来临，有些孩子总会出现各种程度不一的考试焦虑现象。究其原因，就在于父母给孩子生活安排得过于单调。如果是这样，父母就需要让孩子劳逸结合，每天至少抽出一个小时以上的时间用于运动、娱乐、休息。为了起到调节情绪、缓解压力的作用，最好给孩子安排一些对抗性不强的活动，如跳绳、散步、听音乐、看新闻等。

第二，不开夜车，调整好孩子的生物钟。大多数孩子考试前都有开夜车的习惯，从而导致晚上比白天更兴奋，晚上比白天学习效率更高的现象。由于考试总是在白天进行的，所以遇到这种情况，要逐步调整孩子的生物钟，让他把兴奋点逐步扭转到白天，让孩子在白天更兴奋、学习效率更高。要做到这一点，可以让孩子每天比前一天早睡几分钟，慢慢地加以调整。否则，白天昏昏欲睡，对考试是非常不利的。

第三，每天给孩子一个积极的心理暗示。每天复习之后，让孩子好好回顾一下这一天的收获，然后给他（或者孩子自己给自己）一个积极的心理暗示，以此来调节情绪，以越来越好的心态迎接即将到来的考试。这种心理暗示，可以包括：通过这一天的学习，他又做对了哪一道题，发现了怎样的一个知识漏洞，巩固了一个什么样的知识点，等等。让孩子觉得自己总在不断地进步中。

过度照顾弊大于利

适度紧张强调的是“适度”，所以，父母如果对即将参加考试的孩子学习和生活上过度照顾，甚至像对待大熊猫一样过分嘘寒问暖，反而会使孩子不自觉地过度紧张起来，这种做法弊大于利。

父母要对孩子适度冷淡。适度冷淡，主要是指从语言上不要过多地叮嘱孩子，以免唠唠叨叨让孩子厌烦，无形中给孩子造成过大的精神压力。当然，适度冷淡并不是要父母不关心孩子，只是提醒父母应注意掌握好分寸。例如要尽可能地让孩子自己准备考前工作，适当地找个机会，很自然地帮他检查一下必备用品就行了。

至于照顾孩子的饮食起居，这是父母重点要做的事，但在做的时候也要强调自然。要记住，过于谨小慎微甚至神经质，都可能会干扰孩子的正常学习和休息。

把必要的考试技巧教给孩子

考试技巧虽然称之为技巧，可是对于父母和孩子来说，却更多的是一些“老生常谈”。不过，即使是“老生常谈”，也会带来不同寻常的效果，只要确确实实做到了，就会对孩子考试正常乃至超常发挥起到重要作用。

以下这些答题的技巧是有必要教给孩子的。

规范书写，写好每一个字

规范书写、卷面整洁，既是考试答题的基本要求，又具有分值含量。因为卷面不洁或错别字而扣分、少得分，是非常可惜的。

第一，要求孩子努力拿到卷面分。重大考试都是有卷面分的，以语文考卷为例，阅卷老师有权根据考试试卷的书写情况，给予 3～4 分卷面分。其他科目，如果孩子在答题书写时给阅卷老师留下书写清楚、卷面整洁的好印象，批阅每道题目时就高不就低地给分，那就更是望外之喜了。

得到卷面分的基本要求是：字迹清晰，字体流畅、自然，标点符号正确，没有错别字，文字间距适当、大小一致，全卷一体到底。

第二，要求孩子争取得到书写分。以语文考卷为例，卷面分通常有3～4分。除了上述综合全卷书写情况所给的卷面分外，还会在作文中提出具体书写要求；或者要求在田字格里抄写汉字。无论哪种情况，都要把最好的字体展现出来，给阅卷老师一个好印象，从而确保拿到全部卷面分。

这里要注意两点：一是督促孩子平时在答卷时就要规规矩矩写字，而真正参加考试时，要考虑写字速度，而不必刻意追求写字；二是许多孩子是把作文放在最后写的，一看时间来不及了，就一路狂草下去，不是因为字迹潦草而扣分，就是因为字体不一大煞风景。

审清题干，把握答题方向

审题的基本要求是读懂题干。在此基础上，才能寻找到解题途径。审题错误，或者无法绕开人为设置的答题障碍，就会全盘皆输。孩子在审题时要注意以下两点。

第一，认真审题，谨防低级失误。孩子在考试中因为非智力因素造成的失分，比例最大的是审题失误。反过来说，如果审题非常细致，就能在一定程度上弥补智力和能力的不足。

第二，每道题目至少要读两遍以上。一般来说，对于难度很小和一般的题目，至少要读两遍以上；难度稍大的题目，读的遍数要更多，至少要在三遍以上。这主要包括：第一遍：粗读，目的是对题目中所述内容有个大体了解，做到心中有数。第二遍：细读，目的是弄清题目中的已知、未知、设问，大脑中有一幅清晰图景。第三遍：选读，目的是排除干扰，挖掘出隐含条件，找出数量关系。尤其是对“看不懂”的题目、“似曾相识”的题目，要建议孩子用笔尖点着一个字一个字地读，这样不容易遗漏有用信息，并且有助于识破其中的陷阱。

深思熟虑，精心组织语言

试题解答是在阅读理解的基础上进行的。只有深思熟虑、精心组织语言（包括数字和文字两大部分），才可能得到高分。

第一，满足题旨，简单明了。解答文字题时要注意，无论是填写性答案，还是组织简答题答案、问答性答案，都要注意句子的简明、连贯、得体，简洁明了，力求保留命题的原意、满足题旨、不用语意含混的句子。

第二，步骤完整，叙述规范。家长要提醒孩子特别防范解题不规范的毛病，这是考试想得高分的大敌。这种丢分或不得分，说穿了不是“不会做”而是“没做好”，是很可惜的。这方面的具体表现有：文字表达不严谨、专业术语不规范、解题步骤不完整、逻辑推理不严密、计算结果不准确、文字潦草涂抹多、卷面太脏，等等。

先易后难，安排解题顺序

怎样安排解题顺序，也是大有讲究的。不过一般而言，先易后难、先小后大，对考试取得高分会有帮助。出现在试卷上的题目难度总是从低到高的。在这种情况下，按照顺序解题，先易后难就比较合理，也容易得高分。因为从容易的题目开始做起，一路过关斩将，就会势如破竹，孩子的心态会较好，而且得分十拿九稳。更重要的是，先做容易的题目有助于对试卷有一个适应过程，为解答后面难度较大的题目打下心理基础。而且，如果孩子的实力较差，做后面的难题几乎没有成功的可能，那还不如集中精力把前面该拿的分确保拿到手。相反，如果先做后面难度较大的题目，很可能会花费了大量时间，却仍然卡在那里。在这种心态下，即使弃而不做，调过头来再去做前面比较容易的题目，也会心浮气躁，解题效果大打折扣。

留出时间，最后攻坚

在同一张考卷中，出现在最前面的通常是客观题。应当注意的是，用在这些客观题上的答题时间不能太多，也不能太少，要留出部分时间用在后面难题的集中攻关上。

如何攻克难题，是孩子考试取得高分的关键。首先家长必须给孩子一颗“定心丸”——题目再难也不会超过考试大纲，一定有解答可能，关键在于如何灵活运用。

有的难题是难在拐弯多、综合性强，这时孩子可以尝试用类比法找出它和其他同类型题目之间的异同点，然后寻求突破口。如果这个突破口找不到，再换个角度突击一下。如果仍然没有结果，就要建议孩子暂时“撤兵”了，换做另一道题。如果时间充裕，最好先去检查检查前面做过的题目，让脑子适当休息一下然后发起攻击，说不定难题就能迎刃而解。

第二章

六年级，亲子沟通的敏感期

设定合理的期望值

有人说，六年级是孩子的转折期，这也是有一定道理的，因为六年级的孩子面临着小升初这个决定人生方向的转折点，也正在融入日益复杂的社会环境，面对越来越多的家庭问题与多变的社会人际关系，六年级孩子承受的压力也在逐渐变大。

而正是在六年级这样一个特殊的时期，父母们对孩子美好未来的期待也越来越溢于言表。他们希望自己的孩子能够出人头地、出类拔萃。有些父母千方百计、煞费苦心地为孩子创造条件，不问孩子的兴趣，以自己认定的模式去塑造孩子，强迫孩子不许失败，只许成功，给孩子很大的压力。然而，这些父母并未意识到过高的期望不仅会给孩子平添极大的痛苦，同时也给他们自己带来了没必要的懊恼。

晓晓是个很听话的女孩，对于父母对她的期待，她在日记里这样写道：

我的爸爸妈妈对我的期望很高，这让我十分苦恼。

小的时候，爸爸把我送进了市重点小学，凭借一点儿聪明才智，我每次考试都能高居榜首。之后，为了让我考上好一点的初中，爸爸在六年级的时候把我转到了另一个全国重点小学。在这个高手云集的地方，我的心理压力逐渐增加，考试成绩不再像以前那么如意了，我开始尝到失败的滋味。这个时候，我是多么希望能够得到爸爸妈妈的理解呀！

有一次考试后，我神情沮丧地回到家。一到家，爸爸洋溢着满脸的希望，焦急地追问起来：“考得如何?”

我深知爸爸希望得到的是我充满自豪的回答，但我今天却给予不了。我心中深深地自责起来，我告诉了妈妈考得不好。妈妈原本阳光灿烂的脸一下子堆满了乌云，只低低地应了一声：“考得不好，下次再努力吧。”接着便回厨房去了。

我忽然感到非常委屈，也十分伤心。爸爸嘴上虽没责怪我，但我知道他心里对我是极为不满意的。我便发誓，下次一定要考好，这样才能对得起爸爸。

很快又一次考试来到了，对我而言，就好像世界末日降临一般。

爸爸一遍一遍地对我说：“你要考不好，同学就会看不起你，老师也会看不起你，你周围所有的人都会看不起你……”

就这样，我的压力更大了，对考试产生了恐惧感。眼中看到的只是考分，我的一切都是为了考分，我好像只是为了考分而活着。

有时候我真想离家出走，我讨厌自己成为一个为了考分而存在的女孩儿，但我没有勇气，我走了爸爸妈妈该多伤心，可是我真的快受不了了……

父母望子成龙、望女成凤的心情是可以理解的，可是，具体的教育措施与动机是两回事。父母们要做的，是把自己虚幻的、不切实际的期望值降低，对孩子提出适当的要求，考虑孩子本身的特点和能力，不能主观地以高标准来要求孩子，因为高标准会给孩子带来巨大的心理压力，会造成孩子的焦虑与挫折感，甚至泯灭他原有的潜能。同时，家长要设身处地地为孩子着想，站在孩子的角度来考虑孩子的内心感受，让孩子自己确定切和他们实际的目标，以此来衡量他们的行为。这样，合理的期望所带来的沟通才不会是无效的沟通。

具体来说，家长可以这样做。

设定合理的期望值

人无完人，再优秀的人都会有不如别人的地方。对孩子的期望要适可而止，千万不要盲目地要求孩子怎样优秀、怎样完美。对孩子的期望值宜在他努力的能力范围内，既不宜高出他的能力太多，也不能低于他的能力。

父母不要左右孩子，强迫孩子服从自己的意志

每个人都有独立的人格，不管做什么事，父母要求孩子做到的，应该想一想：我是否能做到呢？不能要求孩子是一套，对待自己又是一套，这样的父母当然不可能得到孩子的尊重和信任，孩子自然不愿意与父母沟通。

一些父母为了自己的脸面，强迫孩子听从自己的意见，接受自己的意志，那样做，孩子当时也许服服帖帖地接受了，却会使孩子丧失可贵的自信。因此，父母应摒弃家长作风，认真听取孩子的意见，并真正以孩子的眼光去看待事物。

保持期望的强烈性、持久性、一贯性

期望应该是强烈的、持久的、一贯的，这表现在不论孩子在获得成功的时候，还是遭受失败的时候都不改变对孩子的期望。家长要特别注意这一点，不要因为孩子的某一次考试特别好或者特别差，而动摇对孩子的期望值，认为孩子拥有巨大的潜力或者认为孩子是“扶不起的阿斗”。

让孩子分阶段达成高目标

对于高难度的目标，父母可以视孩子的能力，分成好几个阶段，每个阶段的完成不妨给他一点间歇性的鼓励。相信这样分阶段达成的目标，比一开始就制订高目标的做法更容易让孩。有成就感，也有利于孩子更好地去达成目标。

父母要帮助孩子向更高的目标而努力

目标永远是奋斗的方向，给孩子提出高要求也无可厚非，但是，父母不应该只管提要求，然后袖手旁观，让孩子独自一人去实现一个又一个的目标。父母要教给孩子更高效的学习方法和技巧，帮助孩子向更高的目标努力。

别动不动揭孩子的旧伤疤

家长总揭孩子的旧伤疤，这对于六年级孩子来说，极有可能会让孩子认为自己是个失败者，甚至完全放弃努力，与家长的关系越来越疏远。事实上，如果家长体谅一下孩子，和孩子好好沟通，关注孩子的每一个细微进步，让孩子明白无论他的成绩如何，只要他努力了就好，孩子就会觉得家长是真关心他、理解他、鼓励他，从而信心十足地努力学习。

其实，不光在学习方面，很多家长会不自觉地揭孩子的旧伤疤，很多父母只要孩子犯了一点小错误，就会把孩子以前犯过的错误统统拿出来批评一番。父母以为不断的批评可以使孩子加强记忆，促进孩子改正错误，但结果却不会如他们所愿。

同时，有些父母喜欢在他人面前揭发孩子的错误，希望别人也能批评孩子，证明自己的正确和孩子的错误，促进孩子改正错误。实际上，这样做只会伤害孩子的自尊心，尤其是六年级孩子，他们“要面子”，怕“伤自尊”，父母这样一来容易使孩子对父母的仇恨增加，进而会产生破罐子破摔的不良心理。

下面来看一看一位成功的妈妈是怎样通过交流来改变一个孩子的命

运的。

有一个男孩，非常聪明，学习成绩也很好，只是因为后来结交了一些不好的朋友，所以学会了偷窃，甚至发展到偷抢超市，结果被拘留了。后来，尽管孩子获得了释放，但是，却被学校开除了。

所有的人，包括孩子的爸爸都放弃了这个孩子。妈妈伤心到了极点，但是，她没有放弃孩子，她相信自己有能力挽救孩子。

妈妈几乎跑遍了整个城市，才给孩子联系到一家愿意接收他的学校，可是，孩子却不愿去，他宁愿与他以前的朋友玩，宁愿和以前一样生活。

妈妈没有对孩子训斥，也没有揭旧伤疤，说孩子以前的不是，而是给孩子出了一道题：

有3个候选人，他们分别是：

A. 笃信巫医，有两个情妇，有多年的吸烟史。

B. 曾经两次被赶出办公室，每天中午才起床，每晚都要喝大约1升的白兰地，而且曾经有过吸食鸦片的记录。

C. 曾是国家的战斗英雄，一直保持素食习惯，热爱艺术，偶尔喝点酒，年轻时从未做过违法的事。

妈妈的两个问题是：

“如果我告诉你，在这3个人中，有一位会成为众人敬仰的伟人，你认为会是谁?”

“猜想一下，这3个人将来各自会有什么样的命运?”

对于第一个问题，孩子选择了C。

对于第二个问题，孩子这样回答：A和B将来的命运肯定不妙，要么成为罪犯，要么也是个废物。而C一定会成为一个社会精英。

妈妈把答案给孩子看，孩子看后吃了一惊。

“孩子，你的答案是错的。你的结论只符合一般的判断，这3个人其实是二战时期的著名人物：A是富兰克林·罗斯福，他身残志坚，连任4届美国总统；B是英国历史上著名的首相温斯顿·丘吉尔；而C的名字是希特勒，一个嗜血如命，杀害无数无辜生命，最后不得善终的法西斯头子。”

孩子呆呆地看着妈妈，他简直不敢相信自己的耳朵。

妈妈摸着孩子的小脸说：“孩子，你的人生之路才刚刚开始，以往的过错只能代表过去，不能代表一个人的现在和将来。每个人都不是完美的，就算伟人也会有过错。从现在开始，忘记过去，努力做你想做的事情，你终会成为一个有作为的人。”

妈妈的话，改变了孩子的生活态度。他高高兴兴地去上学，并且认真学习，过去的事情好像从来没有发生过。后来，这个孩子成了华尔街最年轻的基金经理人，他说：“是妈妈让我觉醒，给了我重新开始的自信。”

这位妈妈并没有像一般家长那样，总盯着孩子的过去，揭孩子的旧伤疤，而是让孩子明白：过去并不重要，即使你过去犯了很大的错误，你仍有机会把握现在和将来。这种鼓励，让孩子重新找回了自信。

所以，在任何情况下，父母都不要让孩子当众出丑，特别是不能在别人的面前揭孩子的“伤疤”。英国教育学家洛克说过：“父母不宣扬子女的过错，则子女对于自己的名誉就愈看重，他们觉得自己是有名誉的人，因而更会小心地去维持别人对自己的好评；若是你当众宣布他们的过失，使其无地自容，他们便会失望，而制裁他们的工具也就没有了，他们愈觉得自己的名誉已经受了打击，则他们设法维持别人的好评的心思也就愈加淡薄。”实际情况正如洛克所述，孩子如若被父母当众出丑，甚至被揭开心灵上的“伤疤”，那么孩子自尊、自爱的心理防线就会被击溃，甚至会产生以丑为美的异常心理。

可见，父母要想鼓励孩子，就要摈弃对孩子的偏见，不要总是揭孩子的旧伤，而是要与孩子做好双向沟通。

让孩子倾诉，父母坐下来听

大多数六年级孩子都会有自己的“小秘密”，他们中的很多人不再愿意向父母倾诉自己的内心世界。然而正是因为这样，父母一定要给孩子多倾诉的机会，想方设法诱导孩子说出自己的心里话，向父母吐露内心的痛苦。要做到这一点是不容易，父母可以这样开始：“现在我们关上房门，我是你的一个大朋友，不是父亲（母亲），我会开导你，会指导你，但是我们的谈话在出门以后会终止，永远成为我们的秘密。”

当孩子放下心理防线之后，家长要说到做到，并且在谈话的过程中，要始终铭记，孩子并不需要父母的教训，他要的是倾诉对象和有意义的指导。仔细倾听孩子的心声，有时胜过千言万语。因此，父母应该多给孩子一些倾诉的机会。

不要总是紧盯住孩子的过去不放

无论孩子以前是什么样子，只要父母在与孩子的沟通中让孩子明白，过去并不重要，重要的是要相信自己有能力去把握现在和未来。要让孩子把更多的时间和精力放到自身的努力和勤奋上，力争今后创造出不平凡的业绩。

多看到孩子进步的一面

每个孩子都有自己的长处，孩子在成长的过程中，天天都会有进步，只要父母把目光从紧盯“孩子的不足”之处移开，就能看到阳光的一面，这一转变对孩子来说很重要，会让他感到温暖。

放下“一家之主”的架子

所谓“家长”，顾名思义，即“一家之主”，家长总是高高在上，俨然一国之君。这种价值取向，很容易让一些父母比较推崇父母权威，习惯于按自己的理想模式塑造孩子，而不管孩子的实际情况。在教育孩子的方法上，习惯于训斥、发号施令和严格的监督与惩罚。家长制的价值取向使得很多父母将子女看成是自己的私有财产，认为顺从、听话才是好孩子，在此基础上形成的家庭价值观总是否认个人，把个人利益摆在从属地位，孩子的个人价值、尊严很容易受到忽视。

在“家长制”下成长起来的孩子，或出于威严，或出于抵触情绪，完全有可能把自己和父母隔离开来，不与父母沟通和交流。特别是六年级的孩子面临毕业，孩子在心理上有一段远离父母的时期，被称为心理“闭锁期”，这是他们寻找自我、探索自我的表现，也是他们成长过程中必不可少的历程。这时他们不仅产生独立要求，而且也体会到自身社会地位和社会作用的变化。父母只有做到和孩子真正地用“心”沟通，才有可能深入地了解孩子、理解孩子，而家长放下架子，平等与孩子交流就是了解孩子、理解孩子的最好手段。下面这位母亲就做得很好。

有一天，我问儿子：“我们是不是朋友？”儿子却说：“努力吧！我们离朋友还差得远呢。”

我试图与儿子做朋友是从他的一个眼神开始的。他上六年级的时候，因一件小事，我训斥了他，他居然以一种敌视的眼光看着我，让我心惊。回到自己的卧室，我无论如何也驱赶不走他那桀骜不驯的目光。心想：他真的是长大了。我失落的同时，下定决心一定要改变我的家长作风。

我尝试着放下家长的架子，无论什么事都站在儿子的角度去想一想。儿子有考试“恐惧症”，一到考试，饭吃不香，觉睡不着。我就告诉他：“儿子，不就是考试吗？有什么呀？毕竟第一名只有一个。这次考试就当作是平时做作业，好坏无所谓。”

有时考前儿子会问我：“妈妈，你想让我考多少分？”

我总是微笑着说：“别总分分分的，平时只要努力了，允许考零分。”没想到仅从考试这一件事，我们母子的关系就上了一个台阶。

有一天，儿子回到家里，神秘地告诉我：“今天我们几个同学在一起议论父母对自己的态度，我告诉他们你平时对我说的那些话，好几个同学都说想当你儿子呢。”

我得意地笑了，知道儿子已经开始尝试着把我当朋友了。

在日常生活中，家长和孩子的交往，应该是平等和民主的，而不是独断的。作为父母，应该放下家长的架子，努力和孩子成为朋友，只有做到这点，才能使孩子敞开“心”来与你沟通。

按照民主的原则与孩子交往

家长一定要放下架子，按照民主的原则与孩子交往，但是，民主也要讲究个度。美国教育学家洛韦博士研究发现：“这种民主的态度如果把握不好，很容易导致过度的放纵。有时，很多家长出于避免‘伤害’关系，放松了对孩子自我约束的教育，问题也就接踵而来了。过度的放纵实际上是一种‘忽视’的信号，它忽视了价值观，忽视了教育机会，忽视了父母与孩子的关系。为了教育孩子成功，人们需要崇尚适度的规矩和做事的准则。”

按照平等的原则与孩子交往

有很多美国的父母往往在孩子很小的时候就自觉成为他们的朋友。这些父母与孩子说话时，总是蹲下来，与孩子处在一个水平线上，并用双手握住孩子的小手，用亲切的目光对视着，和颜悦色，以商量的口气与孩子说话。孩子们也似乎都很懂事，眨着眼睛，频频点头。父母应当认识到，孩子虽然年龄小，个子矮，但他们是独立的人，应当得到父母的尊重。

六年级的孩子已经不是小孩子，家长当然不用“蹲下来”，却应该做到平等地与孩子面对面好好沟通一下，以平等的身份对待孩子，与孩子建立相互信任的关系，做孩子的知心朋友。

变“对抗”为“对话”

一般来讲，孩子到了六年级，父母也就进入了人生最累的阶段——上有老，下有小，还要努力工作，争取再往上“爬一爬”。这个年龄段的父母，由于生活、工作压力很大，面对孩子往往会心急气躁，经常会忍不住向孩子发火。而这时的孩子，恰好是叛逆情绪逐渐生长时，父母对待他们的方式稍有不当，就会产生抵触与对抗的情绪。这对平衡亲子关系及开展正常的家庭教育都是十分不利的。家长要对孩子的对抗情绪重视起来，改变自己平日里不恰当的沟通方式，建立融洽的亲子关系。

尊重是良方

消除孩子的对抗情绪，尊重是良方。尊重孩子，意味着父母要认真地听孩子的意见。大人有大人的想法，孩子也有孩子的想法，由于所处的地位不同，这两种想法有时并不一致甚至冲突。为此，家长要给孩子充分发表意见的机会，孩子的意见并不都是荒谬可笑的。接受其中合理的成分，家长会赢得孩子的信赖与拥戴，尊重孩子，也意味着给孩子一定的自主权。

避免可能会引起冲突的字眼

有时候一些字眼虽然很简单，但如果在某些时候说出来，却足以挑起父母和孩子之间的冲突。如果父母能够了解在与孩子的沟通中，哪些话可能会引起冲突，就可以用其他更能够鼓励合作和了解的措辞来替代那些字眼，使父母与孩子的沟通更加顺畅。

大部分可能会引起冲突的字眼，一般会出现在句首或接近句首的地方。以下是两个看似无关痛痒，却最容易引起孩子内心冲突的语句。

第一，"如果你……"。"如果"——通常会紧接着"你"，若被父母当成威胁来对孩子使用，就会挑起父母与孩子之间的冲突，例如：

——"如果你不把作业做好，我就会把你的漫画书扔掉。"

——"如果你不好好爱惜你的衣服，我就再不给你买新衣服了。"

许多孩子会把威胁当成一个挑战，而且他们会重复引起父母发出威胁的行为，来测试父母的决心。通常，父母发出的那些威胁都不可能真正付诸实践，而如果父母没有执行他们的威胁，孩子就不会再认真看待父母说的话。

另外，不合理或太夸大其词的威胁，尽管会给孩子一个强烈的信号，让他们明白父母不支持他们的某些行为，但是并不能让孩子了解他的行为可能导致的真实后果，因此也达不到父母所期望的教育效果。

替代选择：

父母应该避免使用"如果"，而改用"一……就……"或"只要……"。这些句子在孩子听来，会感觉比较正面，而不会感觉包含着很多处罚的意味在里面。用"一……就……"或"只要……"的句型，能鼓励孩子保持理性，并让孩子清晰明了可以执行的结果，从而使孩子更乐于遵从：

——"你把作业做好，就可以看漫画书了。"

——"只要你把外套挂好，我们就可以吃晚饭了。"

第二，“为什么你不能……”。“为什么”也很容易挑起父母与孩子之间的冲突，尤其是在“为什么”后面紧接着“你不能”的时候，例如：

——“为什么你总是不能把你的东西捡起来?”

——“为什么你总是不听话?”

这些问题没有答案。事实上，父母并不是要问“为什么”，父母期望得到的只是一个合理的答案，然而在孩子看来，父母实际上是在责备或批评他。当孩子觉得自己被父母指责时，是不可能合作的。

另一个“为什么”这个词常见的使用情形，是在“你为什么……”当中。例如：“你为什么打你的同学?”这种说话的方式糟糕的地方在于，这些对孩子整体个性的描述，是他无法改变的部分，对孩子来说，意味着对他整个个性的全部否定。而如果父母在要求孩子时，只使用对孩子客观行为的描述，则是他可以有所控制的部分，他也更愿意接受并作出改变。指责总是会让人心理上产生抵触和防备（孩子和大人都一样），而一个心理上有抵触和防备的人，当然就会缺少改善他的行为来取悦别人的动机。

替代选择：

父母可以把那个没有用的“为什么”拿掉，把问题变成一个清楚、明确、坚定，只涉及孩子正在进行的行为本身，而没有指责的陈述，例如，父母可以这样说：

——“你必须把那些玩具捡起来。”

——“不可以打人。”

帮助孩子排解烦恼

在孩子的成长过程中，尤其是在六年级的时候，总会遇到许多这样那样的烦恼。孩子一般遇到的烦恼有以下几种：

1. 受到批评或误解。

2. 受到不公正的待遇或老师的不信任。

3. 受到同伴欺负。

4. 身体不舒服。

5. 丢了自己心爱的物品。

烦恼的表现为以下几方面。

1 情绪低落。

2. 感到很伤心和委屈，甚至气愤与无助。

3. 不爱说话，喜欢一个人待着。

4 逆反心理严重，想干什么就干什么，进行发泄。

既然烦恼是人生的一部分，父母要教给孩子的就是排解烦恼的方法。在这个过程中，父母要鼓励孩子，支持孩子，时刻让孩子感受到父母的关爱和指导，这样，亲子之间的感情才能不断升华。

下面这个案例中的爸爸就处理得非常好。

高凡从小品学兼优，一直是班干部。六年级的时候，老师让高凡当了班长。当班长后，高凡每天忙得不可开交，老师经常会把班级的事情交给他来处理。有时，周末的时候，高凡还要到学校里去帮助老师处理事情。

可是六年级是毕业班，随着学业任务越来越重，高凡越来越感觉到当班长的压力太大了。

一个周末，高凡对爸爸说："爸，我最近觉得挺烦的，一边要紧张复习，一边又要管班里的事情，我都不知道该怎么办了。"

爸爸说："是呀，这事确实让人挺为难的。你现在可是班级里的大忙人了。"

"是呀，总是忙忙碌碌的，影响学习不说，我的心情也大受影响。你看这两次考试的成绩明显有些下降。我心里很烦躁。"

"那怎么办呢？学习是很重要，但是，现在的社会也非常看重能力，做班干部对于锻炼你的能力很有好处。你说呢？"

"我也是这么想的，要不我早就向老师辞职了。"儿子似乎很为难。

"要不这样，咱们再来制订一下时间表，看看哪些事情是可做可不做的，把它去掉，让你腾出时间来学习？"

"好像都挺重要的。"

"你不是每天晚上6点看动画片吗？我跟你妈商量一下，每天把吃饭的时间从6点半提早到6点，这样，我们一边吃饭一边看电视，就可以替你省了半个小时，是不是？"

"行，可是我担心考不好。"

"关于考试的成绩，我再向你重申一遍。"爸爸一本正经地说，"我不看重成绩，一次考试看不出什么，甚至是已经考上大学的人，由于进入学校后放松学习，最后无法成才的人多的是。我希望你弄懂每一个问题和解题方法，尽自己最大的努力去考试，发挥出自己的正常水平就行了。而且，你的组织能力和协调能力都是不错的，如果这三者综合起来，你的综合素质就相当好，你没必要为分数而担心。"

"我知道了，爸爸。谢谢你！"

结果，儿子果然把学习和班干部工作处理得非常好，在毕业考试当中取得了好成绩，考进了重点中学。当然，因为父亲的信任和支持，儿子对父亲更加尊敬和佩服。父子俩像朋友一样，总是交流一些各自遇到的问题。

发现孩子有了烦恼，父母不要自认为"小孩子有什么烦恼，都是无所谓的事"，这种居高临下的态度是相当有害的。正确的做法是，疏导孩子的不良情绪，和孩子一起面对烦恼，寻找烦恼的根源以及解决办法，用自己的人生经验为孩子提供解决问题的建议。

感受孩子的烦恼

父母不要想当然地认为，孩子每天只有学习，其他事情都不用干，他们会有什么烦恼？其实，由于六年级的孩子的心理发育并不完全成熟，遇到的一点点事情都有可能引起孩子的烦恼。

因此，当孩子向父母表露烦恼的时候，父母一定要重视，然后用同理心去感受孩子的烦恼。比如，"我知道你觉得这件事情很难处理，心里很烦恼是不是？""你是不是觉得做不好这件事情，就会被老师责问，因此总是烦躁不安？"

当父母主动表示了解孩子的烦恼时，孩子的烦恼就会减少一半，同时，他们会更有信心去面对烦恼，解决烦恼。

不要替孩子逃避问题

大部分的父母在孩子遇到烦恼时，总是习惯性地替孩子想逃避的办法，比如，"要不，咱不做那事了，省得你这么烦恼"、"我看你干脆不要做这事了，管它是谁做，反正你不做"。这些消极的逃避策略非但无法解决孩子的烦恼，而且孩子一旦再次遇到相同的问题，烦恼依然存在。同时，还有可能养成孩子逃避责任的坏习惯。如果孩子学会了“我不管!”、“反正不是我的事!”的人生态度，父母可能就要后悔终生了。

给孩子提供解决方法并鼓励孩子去克服

良好的教育是要通过引导、启发的方式给孩子提供方法和经验。给孩子提供方法的时候，说话的语气要有技巧。比如，“我觉得，你可以这样……”、“要不，你试试我的方法……”、“你看看我的建议怎样……”。

当然，父母不要替孩子做决定，让孩子自己斟酌，然后独自去面对。比如，不管孩子自己愿不愿意做班干部，父母都不要替孩子作决定。你可以听听孩子的意见，如果孩子很愿意做，就应该大力支持他，帮助他出主意，想办法，更好地做好工作。孩子只有在班级工作中获得了成就感，他才会愿意与父母轻松地沟通，分享他的快乐。如果孩子不是太愿意替班级做事，父母也不用责备他。只要向孩子说明，做班干部对他的个人成长有好处，如果可以做，不妨试试；如果实在不愿意做，也可以暂时不做。

不断关注事情的进展，始终支持孩子

父母在孩子解决烦恼的过程中，要一直关注孩子的一举一动，站在孩子的角度支持他，让孩子感觉到父母的信任和支持，从而更有信心和勇气去战胜烦恼。

有一句话叫“授人以鱼，不如授人以渔”，帮助孩子逃避烦恼，不如教孩子怎样排解烦恼。这样，孩子可以感受到父母与自己是站在一起的，从而促进亲子之间的情感沟通。

倾听是和孩子有效沟通的前提

愿意积极倾听的父母，脸上会表现出一种不同于其他父母的慈爱，孩子会对这样的父母产生亲密的感觉，因而也会相对地对父母表达出类似的反应。因为父母肯倾听孩子的心声，孩子当然也愿意聆听父母的看法。积极的倾听，可以帮助父母在孩子敏感的成长阶段进行更好的沟通。

孩子：我真想揍李奇一顿！

妈妈：为什么？出什么事了？

孩子：他把我的书扔到地上了！

妈妈：那是不是你先惹他了？

孩子：没有！

妈妈：你敢肯定？

孩子：我发誓，我没有惹他！

妈妈：那好。李奇是你的朋友，如果你听我的，就把这件事儿忘了吧。你知道你也不是十全十美的，有时是你先惹事儿，然后又埋怨别人。

孩子：我才不呢，是他先惹我的……哼，跟你没法说。

上面例子中的妈妈其实就犯了“说教”的错误，如果她用倾听的方式来和孩子沟通，就是另一番情况：

孩子：我真想揍李奇一顿！

妈妈：你看起来很生气的样子……

孩子：我真想把他的胖脸揍扁了！

妈妈：你那么讨厌他啊？

孩子：你知道那个小霸王干了什么吗？在汽车站，他把我的书抢过来扔到了地上！我根本没惹他！

妈妈：噢！

孩子：我猜他一定以为是我把他的那只玻璃天鹅弄碎了。

妈妈：你觉得是这么一回事呀！

孩子：是的，他捧着碎了的天鹅，一直朝我看。

妈妈：噢。

孩子：但是我没有弄碎那只天鹅，我没有！

妈妈：是吗？

孩子：嗯……我不是故意弄碎的，刘刚推我撞到了桌子上，我有什么办法。

妈妈：噢，刘刚推了你。

孩子：是的，好多东西都掉在地上了，那只天鹅打碎了。我并没有想打碎那只天鹅。

妈妈：我知道，你不是故意的。

孩子：是的，但是李奇不肯相信我。

妈妈：你觉得如果你说实话，他不会相信你？

孩子：我不知道……不管怎样，我会去向他解释清楚——不管他信不信，而且他必须向我赔礼道歉，他不该把我的书扔在地上。

你会发现，其实这个妈妈只需要利用倾听，不需要提任何问题，孩子自己就把事情的始末，甚至是他打算如何处理这件事情的方法都说了出来。倾听的力量远比说教的力量大得多，在不知不觉中，家长就能走进孩子的心灵，了解孩子的方法，更好地与孩子沟通。

当然，要做到让孩子满意的倾听，父母需要遵循一定的原则。

父母要用心

父母要做个有修养的听众，要肯花时间，有耐性，用心走进孩子的世界。孩子通常比较渴望得到生活中重要人物的爱护与肯定，这通常包括父母、师长等。父母要了解孩子的内心需要，倾听孩子说话。如果父母只顾自己的感情需要，而不顾及孩子的心理需要，孩子就感到很孤独。父母应仔细倾听孩子的诉说并回答孩子的问题以便加深亲子关系，加强孩子的信赖和安全感；注意孩子讲话的内容，并表达父母的理解和同情；不要对孩子的感情或意见武断地表示否定的态度。同时，要公正地评价孩子。有一些父母喜欢这样说："你总是忘记……"，"你看看邻居家的孩子……"，等等。孩子也希望父母不要当着他们同伴的面说自己的不足，如果确实要受到批评，最好私下悄悄地进行。

让孩子感觉到被关注

关注是倾听中的一个重要环节，它能使孩子从父母那儿获得亲切与安全的信息。所谓关注，是指父母通过自己的行为与语言，给孩子一个"我正在专心听你的诉说"的信息。

孩子也有自尊心，希望别人能重视自己，希望与在乎自己的人进行交流与交往。如果只有孩子单方面的交流愿望，那不就成了"单相思"吗？这样沟通就很难进行下去。因此，倾听的一个重要步骤就是关注。

关注分两类，一类是体态语言，一类是口头语言。

体态语言就是通过人的面部表情、眼睛、手、脚以及身体的动作、姿态，传达某种情感的不言之语。如在舞台上，好的演员会用许多体态语言表达自己的情感，一举手、一投足、一个转身都表达了丰富的内心情感。在倾听孩子的诉说时，父母可以用许多体态语言对孩子表示关注。如：

让孩子坐下，自己也靠近孩子坐下。空间距离中包含着心理距离，心理距离与空间距离成正比，空间距离越大，心理距离也越大；相反，空间距离越小，心理距离也越小。

父母坐的时候要使自己的身体前倾，不要后仰。前倾表示重视孩子的讲话，后仰则显示出对孩子的一种不在乎。

父母的表情要与孩子“同频共振”，也就是说，要与孩子的情感相吻合。如果孩子当时非常痛苦，父母要有沉重的表情；如果孩子很高兴，父母也要流露出愉快的神情。

如果孩子说到伤心处，有时会痛哭，这时，父母最好的做法是递过手绢、纸巾，或为孩子拭泪，但不要阻止。因为哭也是一种宣泄，有利于身心健康。递上手绢或纸巾是对孩子哭的行为的一种支持。

将孩子拥在怀里，抚摸他的头发、脸颊、肩膀。很多父母在孩子很小的时候，很乐于表达亲昵的行为。等到孩子进入了六年级，就觉得肢体接触“不好意思”或者没有那个必要。其实，孩子长大后，也需要温暖的身体接触，这可令孩子切身体会父母的关怀。

父母还可用口头语言来表示关注。如“嗯”、“噢”、“我知道了”之类的话语，表示自己正在专心地关注孩子讲话。如果父母只顾听孩子说，而不用自己的声音传递关注，会引起孩子的误会，以为父母在想别的问题，没有在倾听他说话。当然父母的口头语言要简洁、清晰、合情。如孩子在觉得委屈时，父母却只是一味地告诉他“没关系，坚强一点”、“这没什么好难过的”，会让孩子觉得父母一点都不能体会他的感受，若父母说：“你很难过，我要是你也会有这种感受的。”相信会有截然不同的效果。

在对孩子说话时，低声细语能让孩子感到与父母处在平等的地位上。孩子的情绪极易受外界环境的影响而发生变化，高声训斥会使孩子因受到突然袭击而惊慌失措，精神处于高度紧张状态，甚至引起反感，反而听不进家长的话。常用温和亲切的低声调来与孩子对话，还可以增强孩子对父母的信任感，增强孩子与父母进行交流的自信心，并能增进孩子和父母间的关系。

沟通需要父母的耐心

父母在与孩子交谈时，要耐心倾听他们的每一句话。要知道，大多数孩子是希望父母与他一起分享成长中的感受的。耐心倾听的氛围，容易让父母赢得孩子情感上的信任，而只有互相信任了，父母才能与孩子达到无拘无束交流的默契。

记住，不要还没有听完孩子所讲的整个过程的来龙去脉，就妄下结论。如孩子告诉你，他今天被老师批评了，父母马上就来一句“一定是你上课不认真听，犯错了”。久而久之，孩子就会与父母没话好说了。只有当父母耐心倾听孩子的话，知道孩子的许多经历后，才会获得正确引导孩子的机会。

经常看到孩子兴冲冲想跟父母谈一些事情，但父母总是忙着做其他的事，叫孩子等会儿再说。或者孩子诉说一件委屈的事，没想到父母一听就发火、责骂，根本不去了解真正的缘由，久而久之，亲子之间的沟通就会发生问题。

在成年人的世界里，有一种特别受大家欢迎的人，他们在听对方谈话时，无论对方的地位怎样，总是细心、耐心、专注地倾听，说者自然也就感觉畅快淋漓，受到重视。其实，对待孩子也应该这样。每当孩子主动要向父母倾诉，父母应该放下手中的工作，耐心地倾听，让孩子畅所欲言，把心中的郁闷宣泄出来。亲子之间如果能彼此倾诉，经常恳谈，问题会少得多。

如果孩子说的话得不到父母的重视，他们只能把自己的秘密埋藏在心里，做父母的就很难知道孩子的所思所想，这样对孩子的教育就会无的放矢，无所适从。如果孩子的说话权得不到父母的尊重，久而久之，孩子就会与父母产生对抗情绪，以致双方相互不信任，沟通困难。

赏识的言语让孩子乐意与父母沟通

沟通是双方的互动，如果一方不愿沟通，那么，沟通必然失败。假设家长要与孩子沟通，当家长首先赞美孩子今天做的某件事情“非常好”时，他一定会高兴，会乐意与家长沟通。反之，当家长批评孩子“邋里邋遢”、“丢三落四”之后，他一定是懒得理家长。所以，赏识的语言往往使孩子愿意与家长沟通。

在赏识孩子的时候，家长要注意以下几点：

赏识要具体

据研究表明，赏识越具体，孩子越能够根据父母的话对自己做出实事求是的评价。当孩子做好一件事或掌握了一种技能的时候，不要总是简单地说：“做得不错!”要指出他们具体细节的成功。比如“你今天给灾区小朋友捐款了，真让妈妈高兴”、“我喜欢你的那个小发明”。具体的赏识会让孩子产生更大的满足。当然，也要注意不要赏识过度或盲目赏识。

德国著名教育家卡尔·威特教育孩子的方法值得我们学习。

在老威特独特的潜能教育培养下，他的儿子小威特学业进步惊人。不到8岁时他就已经通晓希腊语、意大利语和法语等多国语言，年仅9岁就成了大学生，16岁获得海德堡大学法学博士学位。

老威特赏识儿子很注意方法。为了鼓励孩子学习，当小威特看完或者译完一本书时，父子俩如释重负，一起喊着作者的名字，如“荷马万岁”，或者“维吉尔万岁”等，这时孩子的妈妈也进来道贺：“恭喜恭喜！”接着就上街买回来许多东西，做小威特爱吃的菜，请来两三个关系密切的亲友开晚会。开席之前父亲会首先说：这本书非常难，但是小威特以顽强的意志攻了下来，这使他取得了很大的进步。并且宣布孩子要攻读的下一本书的名字。然后人们就向他祝贺：“恭喜恭喜！”这是一种针对孩子的进步来赏识孩子的方法，更有针对性，也更有效。

当你的眼睛一边盯着电视剧，一边扫瞄孩子的作业本的时候，你口里那些“不错，有进步”之类的话会让孩子觉得很虚伪，甚至还会让孩子日后对你的赏识产生抵触情绪和不信任感。而“你真是个好女儿”、“你做得棒极了”、“真聪明”等诸如此类的话，也可能会让孩子不知所措。如果长时间听到这类笼统的赏识，就会让孩子麻木，失去赏识本身给孩子带来的兴奋感和动力了。总之，父母对孩子的赏识应该是具体的，就事论事的，这样才是有针对性的。孩子也会产生由衷的成就感。

在真实、具体的赏识孩子这一问题上，父母可以参考以下建议：

第一，用赏识孩子具体成就的方式来表达你的反应。家长要用赏识孩子的具体成就的方式来表达自己的反应，而不要把成就和自己对孩子的感情联系起来。说“你的读书报告做得很好”比说“当你在学校里表现好的时候，我以你为傲”要好得多。第一种评价包含着对读书报告的评价，而不是对孩子价值的评判。后一种评价传递的信息是家长的爱是由孩子的学业表现所决定的（即使家长不是这个意思，但孩子听到这样的话，就足以让他开始感到这就是真的）。家长可以既爱孩子又对他抱有很高的期望，但是无论在家长心里还是在孩子的心里，都不应该把爱和期望联系在一起。

第二，要赏识孩子所获成绩的质量，而不是来自他人的等级或者评价。说“你拼写那么好，我真为你骄傲”要比说“你在拼写测验中得了一个 A，我真为你骄傲”好得多。因为在孩子六年级的时候，他们已经能够痛苦地了解到他的成绩是由其他人分等级或者评价的，他不需要你再来指出这一点。

第三，不要对孩子强调他已经尽力了。在孩子年龄小的时候说这点很对，但是当孩子大一些，进入六年级之后，这种反应就不那么有用了，他们很明白，人们的主要评价标准是成绩，努力只能起到注解的作用。当家长告诉自己 12 岁的孩子，他在足球比赛或者课程考试中表现如何没关系，只要他尽力了就可以，他知道家长这么说不够诚实。当孩子对自己的成绩很失望的时候，试着帮他找出下一次怎样能做得更好的建议，要比说些空洞的陈词滥调更有帮助。

赏识要讲究尺度

虽然赏识的好处多多，但是家长也不要对“赏识比批评好”的说法深信不疑。研究表明，对孩子的鼓励、赏识并非越多越好。在没有批评的环境中成长起来的孩子，自尊心强而自律性差，容易养成自私自利的性格。因此，家长应该把握住赏识的尺度，勿让赏识演变成奉承。

亚亚上六年级，家庭经济条件相当优越，由于父母平时忙于工作，所以让老人照顾。由此造成亚亚性格有些孤僻内向，不太合群，少有玩伴，只有在爷爷奶奶面前才会“放肆大胆、口若悬河”。

亚亚的母亲讲述自己儿子的问题：这个孩子自小被人表扬惯了，总是喜欢听到别人的夸奖。比如：他画了一幅画儿，就喜欢别人夸奖他的画非常逼真、传神。那次，和他一起玩儿的小智（亚亚唯一的好朋友）说：“亚亚，这个游戏这么打就能过关了，你那么打永远过不去！”亚亚撅着嘴，满脸不高兴的样子说：“你行，以后你自己一个人玩吧！”为这事，亚亚和小智“断交”了好长时间。

亚亚的母亲逐渐发现了问题的症结所在：亚亚的爷爷奶奶对他非常溺爱，百依百顺，对他的任何过错从来都不训斥责骂，对其行为也不分好坏，一味欣赏、赞扬。每次，只要亚亚做了什么值得骄傲的事情，他的爷爷奶奶都不停地夸奖，小家伙的内心骄傲得不得了。次数多了，老人的溢美之词让孩子总是以为自己的做法是对的。

这个事例告诉我们，尽管对孩子给予赞美和鼓励是孩子形成自信和乐观性格的最有力的催化剂，但当孩子的行为错误时，不要对孩子的错误行为也赏识，将赏识演变成一种奉承。那么，家长在赏识孩子这一问题上，应该有哪些注意的方面呢？

第一，运用适当的程度副词。面对孩子的一点儿进步，或者哪怕是很大的进步，也要注意自己的表达。很多家长喜欢没有原则地运用诸如“太棒了”之类的话。刚开始，会让孩子觉得欢欣鼓舞，但是每次都是这个，这些鼓励的话也就变得意义不大而成为一种敷衍。希望家长在赏识的时候运用适当的程度副词。无论是“不错”还是“很好”，都要为下一次的进步赏识留有余地。

第二，掌握赏识的措辞技巧。不要一次把赏识的话说得太满、太绝对。有些父母对孩子的赏识使得孩子觉得自己的成绩已经到了没有进取必要的程度。这样做的目的固然是希望孩子再接再厉，但是，殊不知这样会让孩子无所适从。“宝贝，太好了，你现在已经做得相当不错了!”毋庸置疑，这样的话会让孩子很欣喜，对于孩子自信心的形成作用也很大，然而要是再加上“但是我觉得……”就更好了，在赏识的同时向孩子提出自己的建议，这样可以让孩子更加容易去接受和改进，更加有利于孩子的进一步发展。

第三，赏识的方式要恰当。父母常常简单地用给孩子买东西的方式以示赏识，久而久之孩子就不以为然了。因此对孩子赏识的方式一定要根据孩子的年龄特点，符合孩子的需要。也可以根据孩子的反应来判断赏识的方式是否合适。如果孩子表面上对你的赏识不当回事，实际上还是按照你赏识的行为继续做了，那就表明你的赏识方式是恰当的。

第四，找准赏识的重点。赏识的重点应该是：孩子能取得某一个成就是由于他做出了努力，不应把孩子的成就归功于天生的特点。告诉孩子，他的钢琴独奏是一个很大的成功，因为他花了那么多的时间去做准备。这么说和说他的成功是因为他天生就是一个音乐天才所传达的信息大不相同。第一种说法强化了努力就会有回报的观念，第二种说法是说个人的成就主要缘于他们的天赋。

原谅顶嘴的孩子

随着孩子年龄的增长，尤其是到了六年级，孩子初次碰到毕业升学的压力，很多父母可能会发现，他们再也不像以前那么听话，与大人顶嘴的现象时常会发生。其实孩子喜欢顶嘴不是什么绝对的坏事情，这说明孩子开始有了自主意识，他长大了。但是，对于孩子顶嘴，家长也不可以放任不管，而是应该采用正确的方法进行引导。

寻找孩子顶嘴的原因

12～16 岁是孩子的“心理断乳期”，据统计，爱顶嘴的孩子约占 70%，这是一种正常现象。一般的说，孩子顶撞父母大致有以下几种原因。

第一，父母不考虑孩子的意愿，独断专行。比如孩子正玩得高兴的时候，让他立即停下来去做作业；孩子不愿弹钢琴，父母硬要他苦苦练习等。于是，冲突便在所难免。

第二，父母与孩子缺乏交流。有些父母一味采用家长制的教育方式，容不得孩子有半点不同意见。然而随着年龄的增长，孩子逐渐表现出自己的独立性，便会觉得父母对自己的行为干涉太多，就容易与父母发生顶嘴。

第三，父母平时对孩子过于溺爱。父母对孩子过于溺爱会使他们缺乏约束，不懂礼貌，在长辈面前我行我素，而父母又未能及时纠正其这种行为。等到孩子的坏习惯已经形成，要纠正就比较困难了。

第四，父母自己以身作则不够。父母平时在家中不注意自己的行为，对老人不尊重，往往为一些小事与家人发生口角，这会对孩子产生潜移默化的不良影响。

不要轻易责备批评孩子

孩子顶嘴时，家长不要随便责备孩子或用抱怨的语气与其交谈，这些批评有时候十分尖锐，却不完全正确，会伤了孩子的自尊心，渐渐引起孩子内心的愤恨、埋怨，孩子甚至会记仇。所以在开口责备孩子前先要弄清缘由，不要乱批评；需要批评时，要注意语气、场合和方式；批评时要循循善诱，使孩子心甘情愿接受。而对孩子遇到的困难和挫折，要真心帮助解决。这样，孩子还有什么理由与你顶嘴呢？

减少溺爱举动

所有的家长都知道溺爱的害处。如果真是因为溺爱造成孩子顶嘴，那只能是从治根开始，只有把对孩子溺爱的氛围驱除了，顶嘴现象才能减少。在孩子明显是不讲道理地顶嘴时，家长要定下心来，“把孩子当成大人”一样给他讲道理。等到孩子有所改变后，要用鼓励的言行强化他的转变。

做孩子的好榜样

这个方法其实也很简单，如果家长时常跟自己的爱人顶嘴，跟老人发生冲突，那管教孩子的力度就可想而知了。因此，多以身作则，平日处事平和，不急不躁，遇到长辈时言行尊重，孩子自然会有潜移默化的改变，不再顶嘴。

鼓励孩子为自己申辩

对顶嘴的孩子，不要谩骂、不要体罚，要在家庭中发扬民主，鼓励孩子申辩。这可使孩子感觉到无论做什么，只有“有理”才能站稳脚跟，对发展孩子个性极为有利。一味地压制孩子，让他把委屈吞进肚子里，只能造就委曲求全或满怀忧愤的性格。当然，孩子有时可能会“狡辩”，这时家长要正确引导，与孩子充分摆事实、讲道理。要知道，爱顶嘴的孩子一般都很有见识、内涵和智谋，只要正确引导，他们会早日成才的。

换个角度来“顶嘴”

许多家长对孩子顶嘴持反对态度，其实如果能够换个角度来看，孩子与家长之间的顶嘴不但能够培养其语言能力、思维能力，还能够让孩子宣泄烦恼、与家长更直接地沟通。

想达到这种“顶嘴”的效果，家长首先要注意话题的选择，要挑选有价值的话题，大胆引导孩子与自己争论。其次，家长应该做好一定的知识储备，不急不躁，适时提高嗓门，在关键的论点上“据理力争”，同时给孩子留一定的余地。再次，把握节奏。在孩子顶嘴的过程中，家长不能急于反驳，要给孩子充分的思考时间去发散思维，组织语言。最后，要适可而止，最好以总结性的语言结束顶嘴。此时，要先让孩子发表看法，总结自己的观点，然后和孩子进一步沟通交流，既要充分肯定孩子的观点，也要指出他的不足。

其实，原谅孩子顶嘴，甚至是允许孩子顶嘴，不但不会影响父母在孩子心目中的形象，反而能增进彼此之间的感情。随着孩子年龄的增长，他也会更加理解和尊重家长。

正确对待隐瞒错误的孩子

随着年龄的增长，许多孩子越来越喜欢封闭自己。当孩子进入六年级后，他们的独立意识增长，孩子越来越想脱离父母的管教。如果父母经常批评他，那么孩子就很容易产生逆反心理，往往不想把自己在学校的情况告诉父母，尤其是自己表现不好的方面。对孩子来说，他认为告诉父母这些情况，可能会使他在别人面前很没“面子”。另外，孩子会觉得自己已是大哥哥、大姐姐了，自己应该有一片独立的空间，自己能够处理一些事情，不再需要事事都告诉父母。

小马刚升入六年级，由于以前在校表现比较出色，父母对他挺放心的，小马也经常向父母报告自己在学校的好消息，比如受到老师表扬了、考试得了100分等。父母很是满意，认为孩子很听话，很懂事。

直到第一学期期末的家长会，小马的班主任向小马的妈妈讲述了他的许多事，最突出的就是，小马虽然是个聪明的孩子，却经常会犯一些错误，经常不做作业，做作业也很粗心，老是出现不该出现的错误，几乎是每隔两三天就要受到老师的批评。

妈妈这才知道，小马报告的只是自己好的方面，对自己不好的消息却是隐瞒不报。

这天，妈妈来到小马的房间，对小马说：

“小马，妈妈去开家长会遇到你们老师了，你猜老师跟我怎么说?”

“怎么说?”

“老师说你是个聪明的学生，总是很快就能够理解老师讲的内容，是吗?”

“那当然了。但老师总是讲得很慢，有时候我都不想听了。”

“那表示你的理解能力比较快，这是好事。但是，妈妈担心你以为自己听懂了，然后不听老师讲课，自己做自己的。结果，老师恰好讲了一些你不懂的内容，那怎么办呀?”

小马抓了抓脑袋，说：“是呀，我也为这个烦恼哪。”

“你是怎么知道自己有些没听懂?”

“有时候做作业的时候就感觉到了，好像有点印象，好像又记不住。”小马不好意思地看着妈妈，说，“所以经常会出现一些错误。”

“你可没跟妈妈说过这些，是不是怕妈妈批评你?”妈妈问。

小马低着头，不说话。

“妈妈知道你长大了，不希望自己受到批评，这表明你有上进心呀。”妈妈对儿子说，小马倒有些不好意思了。“当然，既然你意识到问题了，就应该想办法去解决，你说是吗?”

“嗯，我知道，我正想努力控制自己认真听课，不要再出现一知半解的情况，这样，做作业也会容易得多。”

“妈妈相信你，你就这么去做吧。”妈妈鼓励道。

最后，小马果然克服了听课不认真的坏习惯，成绩也上去了，而且，他还喜欢把自己遇到的问题都告诉妈妈，让妈妈帮他一起想办法，母子俩的关系真是越来越融洽了。

孩子隐瞒错误并不可怕，可怕的是，知道错误后不改正，这样，父母逼迫孩子都没有用，反而会造成亲子冲突。有经验的父母会激发孩子的上进心，让孩子意识到怎样去做才是正确的，并努力做得更好。只有这样，孩子才会佩服父母的处事方式，更加喜欢与父母交流。

要正确对待孩子的的错误

父母应该明白，每一个孩子都会犯错误，不犯错误的孩子是没有的。如果父母能够正确对待孩子的错误，孩子就用不着向父母隐瞒了。

对于孩子的错误，父母要控制自己的情绪，让孩子明白知错就改是最好的方法。如果父母平时对待孩子的错误，动不动就斥责、打骂，孩子在这种经历下就会选择隐瞒错误，以逃避惩罚。因此，父母应该理智地对待孩子的错误，只要孩子向父母讲实话，父母就应该冷静地帮助孩子分析犯错误的原因，教育孩子知错就改，并鼓励孩子讲实话。

要看到孩子的上进心

其实，孩子能够把自己好的一面告诉父母，或者隐瞒自己不好的一面，就说明孩子比较有上进心和荣誉感。父母对孩子的报告应该及时给予表扬。当然，表扬不能过分，应该让孩子明白获得成绩能够受表扬，但是还必须继续努力。

改变对孩子的教育方式

父母如果发现孩子对自己隐瞒错误，就应该反省自己对孩子的教育方式。因为孩子已经长大，独立性和自我意识都不断增加，父母不应该再像以前那样对孩子进行面面俱到的教育，应该让孩子拥有独立的自我发展空间。

对于孩子的错误，如果问题不是很大，孩子有能力自己处理的，不用过分要求孩子告诉自己。父母可以告诉孩子，父母相信他有能力自己解决问题，如果需要父母帮助可以及时询问父母，如果自己有能力解决的可以自己去解决，但需要把处理的结果告诉父母。这样给孩子一些空间，让他进行自我管理，不但能够让父母及时掌握孩子的情况，而且对提高孩子处理问题的能力是很有好处的。

第三章

六年级，孩子综合竞争力的提升期

有意识地锻炼孩子的实践能力

无论孩子的学业成绩有多好，实践能力的培养都是不可或缺的，因为平面的书本知识与立体的现实生活是非常不一样的。有人做过这样一个实验，问几个孩子同一个问题："一块豆腐切三刀，切成 8 块，怎么切？"孩子都拿出纸笔去画，三条线画来画去最多能切七块。实验者找来一个家庭主妇，她毫不犹豫地把手一挥，作出菜刀的样子，划了个"十"字，然后从中间一剖，解决了这个问题。其实，孩子都知道 2 的立方是 8，可实际生活应用时却忘了豆腐是立方的了。"手巧心更灵"，培养孩子的实践能力是非常重要的。

自从李时珍立志从医后，他就阅读了大量的医书，特别是关于"本草学"的书，每读到这些书，他总是精神百倍，废寝忘食。他读书时特别喜欢用实践来证明药书上的说法，也可以说，他只相信实践。

一次，他读到药书上说柴胡和麦冬可以治寒热，可以润肺。李时珍就故意让自己咳嗽发烧，然而用了这几味药，却没有什么效果，后来用了黄芩才治好。李时珍想，黄芩为什么能治好这样的病呢？过去的药书上没有提到过，还有待研究和补充。

李时珍在读书与实践过程中，发现了不少医书的错误。他决定编订一本新的本草，把这些错误的医术理论删掉，加进自己实践后得到的正确结论。

他和父亲商量这件事，父亲对他说："修订本草是一项浩大的工程，要耗费大量的财力、物力和人力，这不是个人能办到的。"父亲想到编订本草的难度，所以不赞成他的想法。社会上的一些人听说他要重修本草，都不屑地说："擅动古人经典，简直狂妄至极！"他虽得不到别人的支持，但病人痛苦的神情却不断出现在他的眼前，他著书的理想更加坚定了。

李时珍阅读了浩如烟海的书籍资料，做了大量的准备工作。之后他走出书斋，穿上草鞋，背起药筐，拿起药锄，带上记录纸，起早贪黑，不辞辛劳地投身到大自然中，投身到病患中去。他边走访，边记录，不畏严寒酷暑，不怕山路艰险，翻山越岭，足迹遍及湖北、河南、河北、安徽、江苏、江西等地。他不耻下问，在祖国各地的山野中，在群众智慧的海洋里，获得了广博的医药知识。

功夫不负有心人。在将近三十年的发愤读书、辛苦实践的磨砺后，李时珍完成了我国药学宝库中的巨著——《本草纲目》。《本草纲目》在李时珍逝世三年后正式出版。问世不久，便广泛流传，还先后被译成日文、拉丁文、德文、法文、俄文、英文、朝鲜文等多种文字，被誉为"东方医学巨著"。

实践出真知，目前，很多小学都开设了"综合实践课程"作为必修课程，把培养孩子具有初步实践能力作为新课程的重要培养目标。学校已经开始"行动"了，家长在家里也要重视孩子的实践能力。

家庭中如何锻炼孩子的实践能力呢？

给孩子实践的机会

现在大多数孩子都是独生子女，是父母的心肝宝贝。孩子处处都处在父母的关心保护下，甚至生活的一切都是父母代办的，孩子唯一的任务就是读书。殊不知，孩子已经六年级，他已经完全可以自己的事情自己做了。将来他们还要离开父母走上社会。家长要给孩子实践的机会，凡孩子能做的事尽量让孩子做，以免在孩子长大以后在实践方面的能力有很大的缺失。

对待孩子实践行为要宽容

六年级的孩子虽然已经是“大孩子”了，但他们的实践活动仍然会带有冲动性、探索性，因此，很有可能在实践的过程中产生一些负面的结果。比如，把妈妈刚整理好的书房弄得乱七八糟，把爸爸新买的花瓶打碎了等等，甚至产生一些成人眼中的错误行为。面对这样的孩子，家长一定要谨记宽容一些，不要动辄训斥孩子，因为训斥只会加剧孩子的逆反心理，抹杀孩子实践的愿望。

给孩子必要的帮助

在孩子实践的过程中，他们会遇到很多挫折、不解，这时候家长一定要给予孩子关怀、帮助、鼓励。历史经验告诉我们，不少发明家小时候就有爱动脑、爱动手的良好习惯，同时与家长的关心支持也是分不开的。作为父母，应该对孩子的实践活动给予必要的精神和物质的帮助，当孩子萌发实践愿望时，应积极引导、鼓励、帮助孩子。

在生活中培养孩子的探索能力

探索是孩子学习知识，发展能力的必要途径。培养孩子的探索能力对于丰富孩子的精神生活、增长知识、锻炼意志、发展特长都有十分重要的作用。

威格尔斯沃斯是一位举世闻名的国际生物学家，当他接受采访谈及自己的科学历程时，却出人意料地谈起一件对他一生科学研究起重要影响的小事。

威格尔斯沃斯7岁时，无意中看到一只毛毛虫。淘气的威尔格斯沃斯问爸爸：“这么丑的东西真的能变成蝴蝶吗？”父亲没有立刻回答，而是帮助威尔格斯沃斯将这只毛毛虫放进透明的瓶子里，让他自己看看到底会发生什么事情。

结果，毛毛虫竟然在瓶子里吐出了白色的丝，很长很长，并慢慢地结成了茧，毛毛虫把自己关在了里面。威格尔斯沃斯感到非常惊讶。几天之后，威格尔斯沃斯发现了更惊人的事情——一只蝴蝶从那个“壳”里钻了出来！

这一连串奇妙的事情，让威格尔斯沃斯萌发了对动物生长过程最原始的探索欲望，奠定了他一生事业的基础。

虽然，人们认为威格尔斯沃斯最伟大的发现是“保幼激素”，但威格尔斯沃斯本人却不这样认为。他说，玻璃瓶里的毛毛虫事件，才是他“一生中最重要的科学发现”。

一些平常的小事，在我们看来习以为常；许多今天已认识到的科学现象，对我们已完全不再新鲜。但这一切对孩子来说，却是全新的、可探索的未知领域。也正是由于这样的探索和执著，推动了人类科学的不断进步。从“造物观”到“进化论”，从“牛顿经典力学”到“爱因斯坦相对论”，也许在未来的某一天，对现有学说进行补充或者修正的就是我们的孩子！

那么，在生活中家长怎样培养孩子的探索能力呢？

鼓励孩子多质疑，勤思考

质疑是孩子探索事物的开端，创造发明往往是从质疑问题开始的。质疑是孩子探索意识的良好表现。在日常生活中，家长要支持孩子多思考，提出各种各样的新颖问题，并对孩子的质疑精神给予肯定。然而，六年级的孩子对学校、社会的新鲜感已经不像低年级孩子那样，对什么都很好奇了。孩子经常在熟悉的环境中生活，就会对这种环境中所存在的问题熟视无睹。家长要经常找机会领孩子到一些比较特殊的陌生环境中去，比如孩子没去过的科学馆、历史遗迹，等等，激发孩子多质疑、勤思考。这样，在前后不同环境的对比中，孩子就会产生更多的质疑，进而培养孩子的探索能力。

不要着急地“纠正”孩子

当孩子进行探索活动的时候，家长可能会发现，孩子的很多想法和逻辑与成人的思维大相径庭，他们有自己的理论，自己的方法，自己的逻辑组合。尤其是六年级的孩子，知识水平有了一定的积累，总会萌生出很多“匪夷所思”的独特的探索方式。家长这时候不要着急地“纠正”孩子，不妨让孩子自己去探索，自己去“碰壁”，这对提高他们的探索能力是极为重要的一环。

帮助孩子总结探索过程

在探索活动中，记录信息是个重要的环节，它可以促进孩子思维的发展，让孩子懂得比较、分析、概括，养成孩子良好的思维习惯。当然，孩子只是上六年级，不可能要求孩子像大人一样做出完善的探索记录。不妨让孩子自由一些，灵活一些，用多种形式记录探索活动。只要孩子能够养成记录的好习惯就可以了。比如，孩子探索研究“蚕宝宝的生长发育”，家长可以建议孩子用画笔把自己观察到的现象画下来，然后在每幅画下面注明蚕宝宝的变化、观察时间等等，这样就显得简单明确，还有条理性。总之，孩子的记录可以是多种多样的，不用拘泥形式，让孩子乐在其中最为重要。

鼓励孩子讨论、交流

当孩子探索某一现象并且记录下来之后，家长要鼓励孩子向老师、同学、父母汇报自己的探索过程，最好就探索的现象展开交流讨论，这对孩子总结自己和他人的经验十分有益。交流的形式也是有多种的，可以是几个小伙伴一起讨论，也可以由家长组织孩子和自己一起交流，更好的是和学校老师合作，在班级里就孩子的探索活动讨论交流，这对巩固孩子的探索兴趣十分有益。

发展孩子的观察力

观察是孩子认识事物的重要途径，是智力活动的基础，是完成学习任务的必备能力。观察能力的强弱对孩子的学习、成长有着重要意义。比如，有些生字的字形和写法只有细微差别，观察力较强的孩子能够识别，而观察力较弱的孩子就常把它们认错或写错。再比如，看到一种动物，观察力较强的孩子能够看到它的外貌特点、生活习性，并引发“为什么这样”的思考；而观察力较差的孩子则可能走马观花，观察之后没有留下任何印象。观察力影响着孩子的成长、学习。有意识地培养孩子的观察力，是父母责无旁贷的使命！

约翰是个特别善于观察的孩子。一次，他在动物园里看到山羊吃草，便问爸爸：“为什么小山羊是吃草的？它们能不能吃肉呢？”

爸爸一时答不上来，便说：“一般来说，山羊是吃草的，你们老师也是这样说的吧？”

约翰点点头，可他还是觉得很纳闷，为什么山羊就不能吃肉呢？于是他拿出了自己书包里带着的火腿，对爸爸说：“我们试试吧！看看山羊吃不吃！”

爸爸点头同意，试验的结果让父子俩都惊讶不已！小山羊竟然津津有味地吃起来了！看来小山羊不仅能吃草，也能吃肉！

爸爸对约翰连连夸奖，还让约翰回到学校后对老师讲讲自己的发现。老师自然也是惊讶不已，还大大表扬了约翰。

约翰尝到了观察的乐趣。后来，他通过观察发现了大自然中的许多秘密。比如，蜗牛日复一日都会回到固定的地点睡觉，蜜蜂和蝴蝶爱在阳光下飞舞，虾米、螃蟹、小鱼都爱躲在石缝的水坑里……

孩子由观察产生兴趣，由兴趣又开始思索，再由思索到丰富知识，由知识了解事物……周而复始，一次次的循环，一次次的了解、学习。可以说，观察是孩子认识事物、增长知识、锻炼思维能力的重要途径。

前苏联教育家赞科夫，曾经做过这样的一个试验。他拿学生不认识的一种鸟的标本给学生看，要求他们一边观察一边说出这种鸟的特征，还为此专门设立了两个班：普通班和实验班。

起初，这两个班的孩子对鸟的观察结果基本相同。而一年后，特别注意培养观察力的实验班的学生，不仅能说出鸟的颜色，而且还能说出鸟的身体各个部分的形状和大小。有的学生在观察后，还能判断："这种鸟的嘴和爪子很尖利，可能是一种猛禽。"而普通班学生的观察力，多数仍旧停留在鸟的颜色特征上。

由此可见，孩子的观察力经过有意识的培养是可以得到提高的，是否有意识地培养孩子的观察力，其结果是大不相同的。只有当孩子拥有良好的观察习惯、敏锐的观察力后，观察才能到位，才有实验班学生的那种观察效果。家长应该有意识地培养孩子的观察能力，充分发挥孩子的天分和才能。

那么，家长具体该如何培养孩子的观察力呢？

帮助孩子培养观察兴趣

对于任何东西，有了兴趣，就会津津有味地去做；反之，不感兴趣，"走马观花"，必然只能获得肤浅的印象。所以，要培养孩子敏锐的观察力，首先要让孩子有观察的兴趣。一可通过言传身教，家长多注意观察，为孩子树立榜样；二可多鼓励孩子发现问题、提出问题，并给予赞赏的评价，使孩子不断有成就感，也就增强了兴趣；三可通过尊重、信任孩子，促进孩子对观察兴趣的保持。

利用家庭环境诱发孩子的观察力

孩子在家里的时间比较多，对家里的一切（亲人、物品、家具）比较熟悉，家长可有意识创设各种有利于孩子观察的情境与机会。如电视放不出图像，让孩子亲自看看，插头是否插好，碟带是否放入；天气转冷了，家里人穿衣有什么变化；客人来了，家里人各自采用怎样的行动招待客人；过节了，家里摆设有什么变化……让孩子在生活中不断得到观察的锻炼。

利用自然环境培养孩子的观察力

大自然是培养孩子观察力的好课堂。如果家居城市，家长应带孩子到公园、广场、动物园、植物园去散步、游玩、欣赏；或带孩子去参观自然博物馆、花木虫鸟展览会等。每隔一段时间，带孩子去旅游或在假期让孩子到农村的亲友家小住，让孩子尽情观察在城市看不到的大自然美丽风光。如果孩子家居郊区、农村，家长可放手让孩子去观察，去动手，并有目的地加以引导。

观察要有目的性、顺序性

孩子的观察力发展有着缺乏稳定性的特点，即使是六年级的孩子，有了一定的自制力，一般也很少会自觉地为某一目的而进行观察，常常受到身边事物的较为突出的外部特征及当时的情绪、个人兴趣所支配。

因此，家长应给孩子提出具体的观察目标，任务描述得越具体，孩子观察的目的越明确，观察的效果就越好。如：当孩子发现花坛中有一只蜗牛时，兴奋地招呼家长来看，家长就可以抓住机会，利用问题引导孩子有目的地观察、认识蜗牛。从寻找五官到观看爬行，再观察蜗牛寻找食物等一系列观察活动，使孩子逐步发现观察的广度和深度。在观察中，还要给孩子一些指点，以使其集中注意力。

教给孩子正确的观察方法

由于孩子缺乏生活经验和有系统的观察能力，家长要教给孩子正确的观察方法。

第一种，一个物体的观察方法。观察一个物体，一般有两种方式：一是有顺序地进行观察。其是指让孩子根据观察对象的外部特点从整体到局部或从局部到整体，从左到右、从上到下、从外到内，以及一一对应的观察。二是从不同角度进行观察。其是指从远处、近处、正面、侧面等各个角度进行观察。比如带孩子参观本市某一建筑物，先带孩子从远处的正面、侧面、背面看建筑物的全貌，再带孩子走到建筑物的正面、侧面、背面看建筑物的全貌，最后领孩子走进建筑物里面，看看建筑物内部结构怎样，陈设如何。

第二种，两种物体的比较观察。为了使孩子能更准确地认识事物、发展孩子的观察力，家长可以让孩子对相似物体通过观察进行形状、颜色、大小、长短、粗细等方面的辨别和比较，既找出相同点，又找出相异点，从而正确、细致、完整地认识事物。如：丰收季节，家长可带领孩子到农田之中观察、比较玉米与高粱，让孩子从外形特征，如根、茎、叶等方面，比较其明显与不明显的不同特征。这样，孩子不仅认识了玉米和高粱，又发展了他们的观察力。这种方法实际通过思维来观察，有助于发展孩子的观察力和思维能力。

让孩子充满好奇心

孩子生来就有好奇心。早在新生儿时期，孩子就会对光亮的、颜色鲜艳的物体好奇地注视；5～6 个月时，他一听到声音就会好奇地去寻找声源；会跑会说之后，他会耐不住房间的寂寞，带着强烈的好奇心跑到户外去玩耍，去“探险猎奇”。“天空会下雨”、“太阳每天出来了又落下去”、“小鸭游泳而小鸡不会游泳”等等，这一切的一切都会让孩子觉得稀奇、觉得有趣。

1847 年 2 月 11 日，爱迪生诞生在美国中西部俄亥俄州的米兰镇。当时，那里是有名的小麦集散地，来来往往运输小麦的航船为当地增添了喧闹和繁华。爱迪生的父亲塞缪尔是荷兰人的后裔，以制造和贩卖屋瓦为生，生活还过得去。他的母亲南希是苏格兰人的后裔，曾当过小学教师。爱迪生在家中排行第七，母亲格外疼爱他，喜欢叫他阿尔。

童年时代的阿尔与其他的孩子相比，有许多不同寻常的地方，令父母花费了不少心思来教育、培养他。他拥有十分强烈的好奇心，常常歪着圆圆的大脑袋，转动着一双充满疑惑的眼睛，不断地问：“这是为什么？”、“那是为什么？”

有一天，爱迪生和小朋友们一起玩，突然一群马蜂朝树上飞去，他非常诧异地喊道："马蜂为什么飞到那里去了？"

一个大点的孩子说："那儿有蜂窝！"

阿尔又问："蜂窝是什么样子的？"

小朋友们都摇头。于是阿尔找来一根树枝要捅下蜂窝看个究竟。小小的人儿拿着长长的树枝去鼓捣，其他的小朋友都吓得一哄而散。这时，一只只马蜂发疯似的向阿尔袭来，一瞬间他的脸被蜇得又红又肿。但他好像不知道疼，捡起马蜂窝，高高兴兴地回家去了。

母亲看到阿尔肿胀的脸庞十分心疼，小心翼翼地给儿子涂上药膏。阿尔却只顾得意地炫耀："妈妈，你看，蜂窝有这么多小孔，原来马蜂就住在这里啊！"

南希忍不住泪水夺眶而出，一把将儿子搂进了怀里，说："孩子，一定要记住，捅蜂窝是很危险的！"

但是爱迪生的好奇心依然不减。有一天，他看见家里的母鸡乖乖地待在窝里，它的屁股下面藏了好多鸡蛋。调皮的爱迪生就想赶它出来，然后数一数窝里有多少鸡蛋。可是，任凭他怎么逗弄，母鸡还是一动不动地守在那儿。

爱迪生觉得莫名其妙，他赶紧跑去报告母亲："妈妈，咱家的那只母鸡真奇怪，它把那么多鸡蛋藏在屁股底下，坐着不动。它是怎么了？"母亲一听，露出笑容，她放下手里的活，蹲下来，耐心地对爱迪生说："鸡妈妈是在孵小鸡呢！她把那些鸡蛋暖呀暖呀，过些天，就会有毛茸茸的小鸡从里面孵出来。"

爱迪生听了，觉得真神奇，他的眼睛突然一亮，接着又问道："妈妈，是不是蛋放在屁股底下变暖和了，小鸡就能出来了？"

"对啊，你说的没错！"妈妈笑着摸摸儿子的脑袋。

这天，直到傍晚的时候，一家人都没有看到爱迪生的影子，大家急坏了，大街小巷呼喊"阿尔"的名字。

后来，母亲心急如焚地回到家，忽然听到从库房里传来阿尔的应答声，赶忙跑去一看，原来阿尔在那儿做了个"窝"，里面放了好多鸡蛋，他一本正经地蹲在上面。母亲感到很奇怪，试探着问道："孩子，你在干什么啊？"

爱迪生说："妈妈，你不知道吗？我在孵小鸡啊！"

母亲赶紧把爱迪生抱了起来，笑着说："傻孩子，你是孵不出小鸡的！"

爱迪生嘟着嘴说："我为什么孵不出来呢？"

母亲自责地说："都怪妈妈上午没跟你讲清楚！"于是，她认真地想了想，告诉儿子："鸡妈妈要孵出小鸡可不容易呢！它一连好几天坐在那儿，是为了给小鸡的出生做准备，鸡妈妈得很好地控制时间和温度，才能成功地孵出小鸡来。"

最后，小爱迪生终于弄明白，自己是孵不出小鸡的。

心理学家将好奇心定义为：个体对新异刺激的探究反应。好奇心让爱迪生积极求知，最终取得了非凡的成就，可以说，好奇心是孩子获得智慧的关键。然而，虽然孩子与生俱来就有好奇心，可是随着年龄的增长，如果不好好呵护孩子的好奇心的话，它也会慢慢消退。细心的家长会发现，很多六年级孩子强烈的好奇心不复存在了！可能是因为家长的不重视，学习的压力，生活的一成不变，思维的狭窄……作为一个合格的家长，应该用爱心和责任心来呵护孩子的好奇心！

不要敷衍孩子的发问

六年级的孩子接触面已经十分广泛，在现代信息高速发展的社会，接受新鲜事物快，好奇心强，喜欢独立思索，敢于发问，这是一件好事。面对孩子的提问，家长不要说："你还小，等你长大后就会明白了。"其实，孩子的提问，正是由于他们知识、经验的不足，而好奇心促使他们提出各种各样的问题，处理不当，孩子们求知欲望的火花就会因此而浇灭。面对孩子的提问，家长应因势利导，启发他们去积极思考，培养孩子们的好奇心与探究精神。

也许有的问题家长自己都不太清楚，那么家长的答案未必要精确，但回答必须积极。对孩子的问题，家长是否有一个标准答案并不重要，重要的是回答的态度能否引导和满足他的求知欲。所以孩子提问，家长不懂时不要轻易作答，也不要随口否定，正确的做法是对孩子说："我想听听你的看法。"寥寥数语，就会使孩子用心去思索和探讨，思考问题的空间就会越来越大。

时常和孩子讨论问题

当孩子在闲谈的过程中，表现出对某一问题的好奇时，家长可以把闲谈深入一步，转为对某一问题的讨论。在讨论时，家长要鼓励孩子不断地提出问题，然后和孩子一起探究问题。特别要注意的是，家长不要把自己的观点强加给孩子。否则，六年级的孩子极有可能立刻终止讨论，认为和家长"没有共同语言"，不利于孩子好奇心的发展。

正确诱导孩子的好奇心

孩子在好奇心的驱使下，有时会做出一些破坏性的事，如日常生活中可能会经常碰到这样的事：好好的电视机，孩子趁着家长不在家，就开始尝试拆开再组装。遇到这样的情况，家长最应做的是向孩子了解他这么做的用意，可能很多孩子都是想知道电视机的工作原理。这时，家长可以引导孩子一起拆、组装，给孩子讲明道理，同时还可以适时教育孩子不要随便拆卸家里的东西。

巧妙利用孩子的好奇心

好奇心只是孩子一时的冲动，要真正坚持下去，家长必须及时加以引导，让孩子把对事物一时的探究欲望转化为长久的兴趣和动机。这样，才能真正起到提高智力的作用。如：上面所说的拆电视机的例子，家长可以把孩子对电视机的好奇扩展至其他方面，比如自行车是如何“自行”的，从而拓宽孩子的兴趣，开阔孩子的眼界。

毅力是孩子成才的必要条件

毅力是孩子成才必须具备的重要素质之一，有毅力的人才能表现得坚强，才能更大限度地发挥自己的潜能，实现人生理想，成为一个有所作为的人。爱因斯坦曾说："优秀的性格和钢铁般的意志比智慧和博学更为重要。"孩子如果做事缺乏毅力，那么什么事情都很难坚持到底，像温室里的花朵经不住风霜一样，经不起挫折和打击，很难有什么成就的。重视孩子毅力的培养是家庭教育的一个十分重要的环节。

约翰·塞巴斯蒂安·巴赫（1685—1750），德国著名的作曲家、管风琴家，是将西欧不同民族的音乐风格浑然融为一体的开山大师。他萃集意大利、法国和德国传统音乐中的精华，曲尽其妙，珠联璧合，天衣无缝，对后来将近三百年整个德国音乐文化及至世界音乐文化产生了深远的影响。

巴赫出生在德国中部图林根地区风景优美的爱森纳赫的一座红顶楼房内，他的父亲约翰·阿姆布罗修斯是一位小提琴手，很早就成为宫廷乐师和乐队指挥。巴赫的父亲有意把儿子培养成为自己的接班人。通过几天观察，他感到巴赫不仅对音乐有很强的兴趣，也确实有几分音乐天赋，是个学音乐的材料。同时，他清醒地知道，要成为一个音乐人才，非一日一年之功，在漫长的学习过程中，除了专心，还要有毅力。于是，他对巴赫说："爸爸看到你的条件不错，很有可能成为一个比爸爸还优秀的音乐家。不过，要取得成功，就要坚持不断地练习，这就要有毅力，要耐得住寂寞，耐得住困难，耐得住失败。孩子，你有这个信心吗？"

小巴赫认真地说："爸爸，我知道了。"

父亲这才放心地点了点头。

接着，父亲把小巴赫带到房间，教儿子知道什么是弦乐器。他拨了一下小提琴上的弦，告诉儿子："通过弦鸣响的乐器或用弦的乐器，像小提琴、竖琴、吉他等都是弦乐器。"

小巴赫也学着父亲的样子拨了一下小提琴，听到"嘭嘭"的声音，他问："爸爸，小提琴真好听。它好学吗？"

"好学是好学，但要学成功，就必须坚持不懈地练习，当然还要抓住要领，掌握正确的方法。这些，爸爸都可以教你，关键就要看你是不是有毅力了。"

在父亲的引导下，小巴赫学得很认真，也很刻苦。首先，他练习手法，握弓、顶弦、平行推拉、悬肘、运力，等等，天天练个不停。时间久了，肩酸了、背痛了、肘也抬不起来，甚至手不断地抖，使不上劲儿。这时，他就停下来，擦一把手上的汗，捏一捏指头。看着手指肚上被弦勒出的一道深沟，他流下了眼泪。但是，一想到爸爸的话，他又接着练习。

开始，他拉出的声音很单调，"吱吱"、"嘎嘎"地响，令人昏昏欲睡。他知道，这是基本功，是绕不过去的。声音不好听，正说明自己的工夫不到。每当他拉得又累又苦时，都会想起父亲的话："要坚持，有毅力。"正是父亲的话不断地在激励他。

经过一段时间的练习，他渐渐地悟出了门道：拉琴时不能用力过大，得学会控制手中的弦，控制好了，声音才会变得柔和起来，轻重也可以随心所欲。这个从实践中得到的体会，使他有了努力的方向。

由于巴赫的聪明和用功，他很快学会了父亲教的最基本的技巧，能独立照谱演奏了。他的小提琴拉得不错，但他更喜欢中提琴，后来在音乐会的弦乐重奏中，他总是拉中提琴，想必就是这时打下的基础。小巴赫的刻苦劲儿，使父亲深受感动，也很欣慰，他认为：照此下去，儿子准行。

弦乐器的基础打好之后，小巴赫又开始从堂叔那里学管风琴。从此，他的音乐才华一步一步得到了培育和发挥，终于成为享誉欧洲的大音乐家。

巴赫的成功与他的毅力密切相关，可是现在很多六年级的孩子是在“蜜罐”里长大的，学习、做事缺乏毅力，这对孩子的成长是极为不利的。家长应该怎样培养孩子的毅力呢？

让孩子养成好习惯

从这一分钟开始，家长就要有意识地让孩子学习、做事有始有终，养成好习惯。如孩子学洗自己的衣服，绝对不准借口累或手疼半途而废……长此下去，就会习惯成自然。“坚持”也不再是难以克服的困难了。

让孩子吃点苦

在物质条件过分优裕的环境中长大的孩子大多缺乏毅力，因此，父母应有意让孩子吃点苦。日本的家长很注意对他们的孩子进行“吃苦教育”，再富也要苦苦孩子。日本的小学生在无老师带领的情况下，面对着既无水源又无食物的可怕自然界，安营扎寨，寻觅野果，捡拾柴草，寻找水源，自己营救自己。家长要重视对孩子的“吃苦”锻炼，以培养他们的毅力。

让孩子卫一心一意做事

心理学家指出，“三天打鱼、两天晒网”式的生活对培养孩子的毅力往往起负面作用。因此，父母要注意培养和鼓励孩子一心一意做好某件事。

加强体育锻炼

多让孩子积极参加适宜他们的体育锻炼，不仅可以增强体质，还可以增加孩子的心理承受能力，这也有利于培养孩子的毅力。

当孩子遇到困难时要多鼓励

孩子在接受意志力考验的过程中，难免会遇到困难或挫折，出现意志消沉的情况。这时，父母要给予孩子帮助、鼓励，让孩子鼓起勇气渡过难关，使孩子得到很好的意志力的锤炼。

鼓励孩子大胆尝试

要想孩子在将来激烈竞争的社会中立于不败之地，家长必须赋予孩子积极、大胆尝试的勇气。著名教育家陶行知老先生说过："不要担心挫折，应该担心的是，怕挫折而不敢让孩子做任何事情。"积极适当的尝试对孩子来说是很有好处的，它是孩子走向成功的必经之路。没有尝试，就不能发现失败的根源，更不能找到成功的大门。尝试给孩子带来的是对事物更为深刻的了解，是经验的积累。

沃莱·索因卡，尼日利亚著名的戏剧家、诗人和小说家，1986 年获得诺贝尔文学奖，他是非洲地区获得该奖的第一人，主要作品有戏剧《新发明》、《沼泽地的居民》、《森林之舞》等。

索因卡出生在戏剧之乡，当地有浓郁的戏剧传统，妇孺老少都能背诵几句戏剧台词。索因卡父母都是戏剧迷，小索因卡也深受影响。家里有一间屋子放着许多面具，是父母年轻时买的。没事的时候，小索因卡就泡在里面，一会儿戴着长毛狗的面具在地上爬，还不时地用鼻子闻着；一会儿又带着大象面具，甩着大鼻子在屋里缓缓走动……

一旦剧院演戏，父母就会抽空去看，还带着儿子。时间一长，剧团里的名角、名角演的代表戏剧，小索因卡都如数家珍；甚至戏剧里的某一段台词，都能背得滚瓜烂熟。这让周围的人都感到惊奇。

最让小索因卡出尽风头的是他顶替别人做了一次临时演员。

有一次，一个剧团正在进行演出，最先出场的是一个比索因卡大不了多少的演员。这个演员是一个名角，刚一出场就赢得了观众的掌声。但是，这次他没有很好地发挥，他的嗓音沙哑，眼神呆滞，刚表演片刻就晕倒在地了。演员晕倒了，戏就不能进行，可是，一时又没有合适的演员替代，把团长急得团团转。此时的观众席里，口哨声、尖叫声、讥笑声响成一片……

台下，小索因卡和父母一起等候看戏。这时，周围认识他的人对他开玩笑说："索因卡，你去试试，保准行。"

小索因卡心中一动，他想：对呀，这个剧目早就熟悉，台词也烂熟于心，何不去试试，肯定不会冷场。

渐渐地，周围的人不再是开玩笑，而是认认真真地向他提议，让他去试试。小索因卡扭头看了看父母，希望得到他们的支持。父亲微笑地说："如果你有把握，就去试试吧。我这里绝对没有问题。"

"爸爸，你真的不反对吗？"

"那是你自己的事，你自己做决定吧。不管怎么样，试一试还是有好处的。"父亲对他说。

于是，台下便有人冲台上喊道："演员已经有了，请欢迎索因卡上台表演。"

小索因卡便在人们的簇拥下走上了台。剧团团长看了看这个孩子，起先还有些犹豫，但是看到大家都极力推荐他，又实在找不到其他演员，也就答应让他试试。

小索因卡尽管开始有些紧张，一旦进入了熟悉的舞台，看到熟悉的布景，就忘掉了周围的一切，全身心地投入到情节之中去。他的动作越来越娴熟，感情越来越投入，一下子征服了观众。

从此，小索因卡对戏剧的爱好更强烈了，知名度也越来越高。长大以后，他仍然丢不掉戏剧，最终成为一位杰出的戏剧作家。

"试一试还是有好处的"，父亲的一句话，成就了一个戏剧作家！很多六年级的孩子羞于尝试，怯于尝试，究其原因，大都是孩子害怕失败。然而，任何一个人都是在失败中成长起来的，早经历失败比晚经历失败要好得多。家长要鼓励孩子积极尝试，这是孩子成长的必由之路。

不要踏入尝试的误区

虽然尝试对孩子很有好处，但是家长也要小心尝试的误区。

第一，强迫尝试。孩子成长是有时间表的，即什么阶段的孩子会做什么事，但也有个体差异。以孩子独自睡觉为例，也许有的孩子两岁时已能独自入睡了，但胆小的孩子十几岁仍和父母挤在一起。如果父母不顾孩子的个性特点，强迫孩子独睡，那么孩子可能长时期内难以入睡，甚至会受到惊吓，在心里留下阴影！

第二，盲目尝试。很多父母求胜心切，让孩子尝试着学这学那。如果不够了解孩子，那么施行盲目、不切实际的尝试可能导致孩子产生厌恶情绪，得不偿失。

第三，危险尝试。孩子在生活中很容易被一些奇奇怪怪的东西吸引，比如煤气灶、电线插头、电风扇等等，父母对孩子的危险尝试应特别留意，不能由着孩子的性子，因为一个很小的疏忽就可能造成终生遗憾，务必让孩子远离危险尝试。

那么，孩子在进行尝试行为的时候，家长要注意些什么呢？

适当指导

孩子就像一张没有着墨的白纸，对所尝试的事情总是很难考虑周全，因此，在孩子尝试时，父母应不厌其烦，积极配合，耐心指点和示范，使孩子少走弯路。比如，孩子尝试着参加学校组织的朗诵比赛，父母应该帮助孩子选材，有可能的话还要指导孩子发音、有感情地朗诵，在孩子比赛之前，要告诉他一些注意事项等等。

鼓励为主

因为是尝试，孩子也许无法满足父母的要求，尝试了失败，孩子心中不免懊恼，父母应适时加以鼓励，不要批评说教，更不要粗暴呵斥。尝试需要勇气，如果扼杀了孩子的自尊和勇气，后果是非常严重的。

想象力比知识更重要

爱因斯坦曾经说过："想象力比知识更重要，因为知识是有限的，而想象力概括着世界上的一切，推动着进步，并且是知识进化的源泉。严格地说，想象力是科学研究的实在因素。"马克思也曾称想象力为"十分强烈地促进人类发展的伟大天赋"。科学家的假设，工程师的设计，作家的人物塑造，画家、舞蹈家的艺术造型，工人的技术革新，农民对新品种的培养，哪一样都离不开想象。可以说，人类的创造性活动无一不是想象的结晶。没有想象，就不可能有创造发明，也不可能有任何预见。因此，家长要重视培养孩子的想象力。

在美国马塞诸塞州的一个果园里，曾有过这样一个异想天开的男孩——罗伯特·戈达德。一天，戈达德在家人的要求下，给樱桃树修剪枯枝。他灵巧地爬上一棵高高的樱桃树，眺望四周的田野，天高高的，山远远的。戈达德突发奇想，"人要是能飞到天上多好啊！这样就可以看见星星上面有什么东西了。"一个不可思议的奇思妙想从戈达德的脑袋里冒了出来，他迅速爬下樱桃树，坐在树下慢慢沉思，心中展现出一幅无限神奇的画面：他自己穿着盔甲坐在一架机器上，机器在果园的草地上飞速地旋转，急速上升，转眼间飞向太空，飞向远方一个不知名的星球……

戈达德的想法在当时一般人看来简直就是天方夜谭，《纽约时报》的记者竟嘲笑他不懂基本的物理常识，整天幻想着去月球旅行，并且称戈达德为“月亮人”。当戈达德因为别人的嘲笑暗自伤心时，他的母亲却让他把自己的想法写了下来，张贴在他的床头，告诉他，奇思妙想是成功的开始，没有人成功是一帆风顺的。

从此以后，戈达德开始努力学习，长大后发明了“火箭”，开创了航天飞行和人类飞向其他行星的时代。

想象力是孩子思维的翅膀，古今中外的事例证实，凡是想象能力发达的孩子，大都有强烈的责任感和好奇心，有学习研究的热情，也表现出顽强的意志力，而且勤奋乐观，还有较强的独立性。

要提高孩子的想象力，家长可以从以下几个方面努力。

丰富孩子的感性知识

六年级的孩子已经不像低、中年级的孩子一样，以无意想象、感性知识为主了，他们开始由无意想象发展到有意想象。为了丰富孩子的有意想象，家长要有计划地经常带孩子进行参观、旅游等活动，帮助他们认识社会，认识自然。孩子视野开阔，就容易把各种事物的某些特点联系起来进行想象，而想象力就在这一过程中得到较全面的发展，这是有意想象的基础。

充分利用文学作品等艺术形式

文学作品是激发孩子想象力的重要途径。虽然孩子已经读六年级，但他们仍然喜欢听故事。区别在于，他们不会再满足于简单情节。家长可以适当挑选一些符合六年级孩子的、能够激发孩子想象的文学作品。另外，当孩子阅读完一篇故事之后，家长可以鼓励孩子发表自己的意见，也可以鼓励孩子自己编故事。

另外，音乐和美术也是发展孩子想象力的有效途径。家长可以提供给孩子一些富有表现力的音乐，让孩子根据音乐编动作，通过语言表现对音乐的理解；也可以让孩子画意愿画、主题画，让孩子大胆想象。

支持孩子参加课外兴趣小组活动

课外兴趣小组活动是孩子驰骋想象的广阔天地。不论是音乐、舞蹈、美术、体育、书法，还是天文、地理、生物、化学、航模、舰模、电脑，每一种兴趣小组活动都有大量的形象化的事物进入孩子的脑海，而且需要孩子进行创造性的想象才能完成活动任务。这对于提高孩子的想象力十分有益。所以，家长要支持孩子参加课外兴趣小组，不要因为六年级的孩子即将毕业，就让孩子把所有精力都投入到学习当中，把课外兴趣活动一刀切。

张贴孩子的奇思妙想

很多家长都知道，在孩子“胡思乱想”的时候不阻止、不打断，可是有多少家长能够像戈达德的母亲一样，把孩子的想法记录下来，张贴在孩子的床头呢？所以，如果父母听见孩子独特的想法时，不妨马上用笔“郑重其事”地记录下来，父母的态度会让孩子觉得自己的想法是受人尊重并且可以实现的，这在心理上会带给孩子积极的响应。

写完后家长可不要让这样宝贵的东西锁进抽屉，而是应该把它张贴到孩子每天都能看见的地方，比如床头。设想一下，如果你是一个孩子，当你发现妈妈将自己的奇思妙想张贴在自己的床头时，该多么兴奋！这种经历会让孩子更加努力地去完成梦想，而不是睡一觉就忘记了自己曾经有那么棒的想法。

培养孩子的领导能力

在一群孩子中，总有一部分孩子很有号召力。他们能组织集体活动，带领同伴游戏，小伙伴们也乐意同他们交谈、玩耍。这使他们有更多的机会展现自己的才能，得到锻炼。很多家长很是羡慕，希望自己孩子身上也能具备这种能力，这种能力就是领导能力。

一群六年级的孩子在游玩时不小心迷了路，经过一个惊恐之夜后，一个男孩哭着说："大人们不会找到我们了，我们都会死的。"而其中一个女孩妞妞坚定地说："我们不会死的，我听大人说，顺着小河走，就会走到大河，然后就可以找到城镇。请大家跟我走。"于是，这帮孩子就在妞妞的带领下，沿着小河边的灌木丛艰难跋涉，终于听见有人说话的声音。孩子们不由欢呼雀跃，大声呼叫。最后，这些孩子被大人们救了出来，回到了各自的家中。

孩子的领导才能指的是在一个相对稳定的群体中，由一个或几个孩子组织、率领小伙伴共同完成某项活动或任务的具体方式和个性心理特征。无疑，故事中的妞妞临危不惧，具有领导才能，她率领伙伴们走出了困境。一个有领导才能的孩子，很容易得到伙伴们的拥护和爱戴，孩子也容易在群体的拥护和爱戴中增长自信。也许家长会认为自己的孩子

"天生"不适合当领导，其实，领导不是天生的，领导是造就出来的。

明确培养孩子领导能力的重要性

从小培养孩子的领导才能对孩子的成长和发展十分有利。

第一，有助于增强孩子的自信和交往能力。与成人相比较，孩子间的领导关系更注重强调孩子间的一种有效的合作与交往。这种交往有利于增进孩子的群体交往能力。

第二，有助于丰富孩子的情感体验。孩子在带领伙伴共同完成某项活动或任务的过程中需要做很多工作：与大家一起讨论、确定目标、制订计划、商量活动如何进行、分配和协调人员、指挥和控制活动的进程等等。在这一系列的活动中，他可以体验不同的角色，不但会对其职责有所了解，还会体验到不同的情绪情感。这些体验对孩子的成长是非常有利的。

第三，有助于锻炼、提升孩子的综合能力。领导才能是各种能力的综合，在做领导工作的过程中，孩子的综合分析、创造、决策、应变、协调、组织、语言表达、自学等能力得到相应的锻炼。

培养孩子的自信、毅力和承担责任的勇气

作为一个领导人，必须有自信心，坚信自己可以带领一班人完成任务，达到目的。此外，领导人带领他的一班人并不是每次都能完成任务，达到目的的。在群体犯了错误时，告诉孩子不要把责任推给别人，要敢于承担责任。要培养孩子的领导能力，必须培养孩子的自信心、毅力和承担责任的勇气。

培养孩子分析问题和制订计划的能力

仅仅靠一个人完成不了的任务，就需要带领一班人去解决，这是

“大问题”。尽管这些“大问题”并不像大人们解决的问题那么大，但它总是有点“大”。既然是带领一班人去解决问题，这里面就涉及分工、时间安排等等。这就需要孩子有能力分析问题，并有能力为了解决这个问题，制订计划。

培养孩子的组织能力

在这方面，美国学校的做法颇值得效仿。

在美国，学校里有“组织能力”的选修课，以培养孩子的领导才能。课程内容包括募捐、帮助竞选、保护自然等，旨在让孩子多接触社会，培养其对变化的判断能力，在多种可能性面前的选择能力，敢于迎接挑战的勇气，主动改造环境和不断超越自身局限性的意识与决策能力。老师一开学就把一个学期的教学计划发给学生，一个学期有 5 个项目，要求学生分组，每个组选取一个项目，制订计划，做调查撰写论文。孩子对那些大人甚至政府官员都未必解决得了的社会问题有很高的热情。他们的调查都是自己安排的，十分缜密，搜索、获取、处理信息等方面训练有素。

美国人这种培养孩子能力的做法会让孩子受益终身。为了让孩子更好地成长和适应社会，中国的父母的应汲取一些美国人有益的教育经验，多给孩子提供机会，让他亲自操办活动，比如，操办家庭节日晚会、外出旅游、宴请朋友等，让孩子在操办的过程中，锻炼他的组织能力。

培养孩子理解别人和与人沟通的能力

领导者要有理解别人、与人沟通、协调矛盾、解决分歧的能力。这样，他才能赢得别人的尊敬，别人才会遵从他的安排。因此，家长要培养孩子的领导能力，必须培养孩子理解别人、团结别人、与别人沟通的能力。

第四章

六年级，孩子人际关系的紧张期

让孩子摆脱孤僻的阴影

在科技突飞猛进的现代社会，人们的交往日益便捷、频繁，但人与人之间的心理沟通却越来越少。人们像穿着一件紧身衣，把自己的世界裹得严严实实的。大人如此，孩子也是同样。六年级的孩子承受着沉重的考试压力，生活在两点一线之间。由于精神世界的封闭，许多孩子在人际交往上的问题日趋严重，很多孩子在心理上自我封闭，对人冷漠，怯于交往。

彤彤今年上六年级，她性格内向，在班级里沉默寡言，也不爱参加集体活动。妈妈经常接到老师的电话，反映彤彤太孤僻，没有朋友。妈妈也很着急，所以想趁着彤彤的表妹小柳过生日那天，让彤彤多接触接触其他朋友。

这天一早，妈妈给彤彤准备好了生日礼物，让彤彤去参加生日Party，可是临走前彤彤磨磨蹭蹭，对妈妈说："我不愿意参加小柳的生日会……"

"为什么？"

"我和她们又不熟，有什么好玩的，还不如在家上网。"

"那里你可以认识很多和你同龄的朋友呢！"妈妈不放弃，积极地劝说道。

“……非要去吗？……”彤彤还是犹犹豫豫。

“那你告诉我一个理由啊！如果我觉得理由充分，可以不去的！”妈妈想听听女儿心里到底在想什么。

“我，没有理由，我就是不想去……”彤彤赌气地走进自己的房间，不再理妈妈。

孩子养成孤僻性格往往是事出有因的，或受家庭环境影响，或受过刺激、伤害，或身患疾病等。孤僻的孩子如果总是孤独下去，就会影响他的情感，对别人冷漠，还将影响他今后的生活，包括恋爱、婚姻、生活。因此家长要及早改变孩子的孤僻性格。

孩子孤僻的表现

孤僻对人的身心健康很不利。孩子出现孤僻的性格是很不好的。

第一，孤僻的孩子不爱与人交往。这样的性格就使孩子很难处好人际关系，很难扩大交际面。人是在相互接触、互相理解、互相帮助之中密切关系的。一个人若是总躲避人群，独自一人，又怎能与他人搞好团结，怎能从与他人的交际中获得更多的信息呢？

第二，孤独的孩子往往自卑感强，自信心差。孩子很少与他人接触，业余爱好少，学习的能力得不到锻炼，而能力越差，自卑感就越强。孤僻的人往往自尊心又很强，怕别人说自己不行，说自己无能，这就会造成孩子内心的痛苦。

第三，孤僻的孩子往往多疑。他们大多很内向、不活泼，自己不愿与人交谈，看到别人交谈又疑心，怀疑是在说自己，有疑心又不去问，总在心里闷着，既影响情绪，又影响学习和生活。

为孩子创设一个良好的家庭氛围

如果父母不和，经常争吵，孩子就得不到应有的关怀和培养。孩子的心灵受到创伤，就会因此而沉默寡言、闷闷不乐，从而养成了孤僻的性格。因此，家长应给孩子创造和睦、融洽、民主的家庭氛围，让孩子感到自己是家庭中的重要一员，让孩子感到家庭的温暖，体验到家庭的欢乐。

架起沟通的桥梁

性格的形成对孩子而言是非常重要的，如果不加注意，任其发展，到了成年时想改都很难。父母要关心孩子的心理健康，不要让孩子陷进孤僻的深渊。家长可以在晚饭后经常与孩子交流，让他说说学校里发生的趣事；节假日，陪着孩子去公园玩，出去走一走，谈一谈，谈生活，谈理想，谈趣事，谈焦点等，让孩子感受到家的温暖，让孩子感受到平等、尊严。这既能拉近父母与孩子之间的感情，也能培养孩子活泼开朗的性格，帮助孩子摆脱孤僻的阴影。

与老师合作

家长可以与老师取得联系，求得老师的帮助和配合。家长要向老师介绍自己孩子的情况，让老师更加清楚自己孩子的问题，请老师在集体活动中，多设计一些需要孩子合作的活动，并鼓励和指导孩子积极投入到活动之中。另外，最好让老师在活动中多注意观察了解自己的孩子，当发现孩子有了主动交往的表现时，及时地给予表扬和肯定。

让孩子抛弃偏见，求大同存小异

性格孤僻的孩子对别人的评价都有偏见，总觉得这个人这样不好，那个人那样不足，看人家优点少，缺点多。总认为周围的人不可信，不可交，对谁都不关心，不联络。有这种心理的孩子，很难与人相处。要改变孩子的这种性格，家长必须让孩子抛弃偏见，重新去审视自己周围的一切，改变自己对周围人的评价。与同学、朋友相处，要本着这样两个基本：一是多看人家的优点，取长补短；二是与人相处，不能用一个尺子去衡量，求大同存小异。如果能有这样的立足点，在与人共处中就会消除疑虑，增加信任，从而摆脱孤僻与自卑。

注意评价和态度

家长随意批评、否定孩子，甚至指责训斥孩子，孩子就会丧失自尊心和自信心，会感到自己很笨和行为不好，这种自我体验几经反复固定下来，就会使孩子形成自卑孤僻的性格，总认为自己什么都不会、都不行，谁都不如，从而一个人缩在一旁不敢出声、心情压抑。家长不妨采用一些肯定的评价，如“虽然你没有成功，但我仍要表扬你，因为你已经努力了”、“你一直在努力，再加把劲，一定可以做得更好”。多肯定和鼓励孩子，如爱抚、点头、微笑、夸奖等，就会收到意想不到的效果，使孩子自信、开朗起来。

鼓励孩子多参加集体活动

很多六年级孩子的家长容易犯这样一个错误——孩子只要成绩好就行了，孤僻点就孤僻点吧，孩子长大了就好了！这是目光短浅的表现，没有从孩子健康成长的大局出发。孩子在和同伴的人际交往中更容易自觉地调整自己的行为，因此家长要鼓励孩子尽可能地多参加集体活动，比如带孩子去参观、游览、看球赛、参加公益活动等，使孩子多一些与人接触的机会，这对孩子的健康成长都是有利的。

帮助孩子战胜社交恐惧

社交恐惧是孩子在人际交往过程中产生的极度紧张、畏惧的情绪反应。六年级孩子的自我意识正在发展中，他们一方面自尊心过于强烈，另一方面自信心又严重不足，生怕自己不如别人，再加上孩子如果在交往过程中屡遇挫折、失败，就会形成一种心理上的打击或“威胁”，在情绪上产生各种不愉快的甚至痛苦的情绪。这种状态形成习惯，就会在以后遇到同样类似的情境时，产生恐惧感。如，看到别人或听到别人在某种交往情境中遭受挫折，陷入窘境，或受到难堪的讥笑、拒绝时，自己也会感到痛苦、羞耻、害怕；甚至通过电影、小说、报刊等也可以加强这种恐惧经验，紧张不安，焦虑恐惧。

小甜今年上六年级，她现在的每一天几乎都是在恐慌之中度过的。无助的小甜找到了心理咨询师：“求你帮帮我……”

在心理咨询师的耐心询问下，小甜吐露了心事。

童年时，小甜家里时常发生“战争”，因此，她从小就自卑、懦弱、胆小、不爱说话，甚至怕见生人。上五年级时，她发现自己不能适应集体环境，就让自己远离同学，一些男生为此经常拿她取笑。后来，小甜转学了。

上了六年级之后，功课紧张，小甜更是很少说话，很少与同学交流，渐渐地，她和同学之间没有了共同话题，她觉得自己非常笨拙，非常可笑。后来，万万没有想到的是，以前学校同班的一名男生也转来了她现在的学校。于是，小甜以前的一些经历便被当成笑话，几个无聊的男生给她起了一个绰号“哑人一代”，这让小甜非常愤怒，可当她想去责问他们时，却由于她体质比较差，遇到生气的事就浑身发冷，四肢抽搐，说不出话来。而他们竟没有丝毫羞愧之心，反而更加嚣张。为此，小甜十分痛苦，十分恐慌。

“社交恐惧症”主要表现在生理和心理两个方面。在生理上，紧张者表现为面部肌肉僵直、不自然，身体的某些部位不由自主地发抖、心跳加快、手心冒汗等症状；在心理上，紧张者主观上感到别人都在盯着自己，看到了自己的紧张表现，甚至别人还在心里嘲笑自己。同时，他们会产生一种逃避心理，在公共场合，尽量逃到不会被人注意到的角落，而且尽量不发言，来减轻自己的紧张状况。

如何帮助孩子战胜社交恐惧呢？

注意调整孩子的心态，帮助其树立良好的观念

有社会交恐惧的孩子，多有胆小、害羞、内向、拘谨等特点，所以在与人交往时常感到不自在，面红耳赤，害怕别人注视自己，似乎内心的一些想法和缺点都会让别人看到似的。家长要告诉孩子，其实不必恐惧，社交能力不是先天就有的，不妨想一下那些社交能力强的人在开始时，也许也是很紧张恐惧，但只要经过多次锻炼就变得出色了。家长要帮助孩子调整好心态，树立一些良好的观念。

第一，不要要求过高。过于追求完美，对自我要求过高的孩子容易患得患失，往往太在意别人对自己的看法，一心想要得到别人的承认，从而迷失自己。家长要让孩子接受自己的现状，不要去管别人怎么看。一个人越害怕出错，就越会感到手足无措。

第二，不要太在意身体反应。紧张总是伴随着一系列生理上的不适，根据“强化理论”，如果紧张时孩子太注意自己身体某些部位的紧张反应，就相当于是在强化自己的紧张行为，使其一步一步地加重。而当孩子不去管自己的紧张反应后，由于紧张得不到注意和强化，紧张反应就会随着时间的推移而逐渐消退。

第三，勇敢地去面对。有紧张现象的人，在社交场合下，往往会表现出逃避心理，害怕会出丑而不去面对。家长要让孩子明白，其实，逃避并不能消除紧张，相反，它会使人感到自我的懦弱，以致下一次会更加紧张。而且，人活在社会上，是不可能逃避一辈子的，是必须与人交往的，早晚有一天，都必须去面对。家长要鼓励孩子，克服紧张的最好办法就是勇敢地去面对紧张！

有了以上的这些认识后，再结合一些心理学原理和方法技巧，孩子就能迈出走出恐惧阴霾的第一步。

丰富孩子的经验，掌握必要的应付技能

孩子的许多恐惧是由于对恐惧对象缺乏了解而主观臆想，或者缺乏处理可怕情境的能力，或者缺少应付危险的手段等等造成的。比如，在一次社交中，孩子面对别人的提问而语无伦次，弄得面红耳赤无地自容。其实并不是孩子不知怎样回答此问题，而是感到在众目睽睽下非常恐惧。如果孩子习惯了各种社交场合，并且掌握了各种手段，那么他对各种社交情境就会应付自如了。正如一位科学家说：“愚笨和不安产生恐惧，知识和保障却拒绝恐惧。”家长要鼓励孩子努力学习各种科学知识，了解各种生活现象，掌握处理它们的方法或技能。比如，家长和孩子可以尝试以下办法。

第一，系统脱敏训练。改变是不大可能一步就到位的，它是一个渐进的过程，孩子需要一步一步地来战胜紧张的心理。

先为孩子设立一系列的行为目标，比如说 10 个孩子以往紧张的交

际场景，然后再根据孩子的情况，将其按由易到难的顺序来排列。这样由易到难地去进行一项一项的社交实践训练，每一项练到很轻松自如了，就可以进入下一项的练习了。要相信，人的能力是在实践活动中经过锻炼而逐渐培养发展起来的，社交能力也是如此。

第二，镜子技巧。让孩子每天拿10分钟左右的时间，站到镜子前面，看着镜中自己的眼睛，对自己大声说道："我相信自己可以轻松自如地与别人交往!"、"我相信自己一定能成功地改变!"如此反复多遍，让孩子逐渐相信自己真的可以做到。

第三，放松入静训练。和孩子一起找一个安静没有人打扰的地方，舒适地坐下来，闭上眼睛，让孩子想象自己来到一个青山环绕、绿树成荫的幽静地方，心境变得平和起来。然后让孩子开始放松，从头部、颈部、手臂、胸部、腹部、背部、臀部、大腿、小腿、脚部依次想象变松变软……每天至少一次，通过经常这样的练习，能帮助孩子控制自己的身体，有助于克服紧张的反应。

第四，阅读伟人传记。尝试着让孩子看一些名人伟人的传记，用他们的成长和成功经历来激励孩子，使孩子树立起愿意改变的勇气和信心。同时，看过这些伟人的事迹后，还能起到偶像的作用，孩子可能会潜在地模仿他们的一些积极的思想和行为，有助于孩子的改变。比如海伦·凯勒、林肯、福特、诺贝尔、拿破仑等的传记。

第五，学习人际交往技巧。家长可以提供孩子一些关于人际交往和口才技巧方面的杂志和书籍，让孩子多学习别人的人际交往的经验，来提高自己的交际能力，这样，有助于帮助孩子树立起与他人交往的信心。

让孩子学会悦纳自己

很多社交紧张的孩子就是因为不悦纳自己、对自己不自信造成的。所以，要改变就一定得让孩子在心里接受和悦纳自己，对自己应有正确的认识，既不该过于自尊，也不应盲目自卑；做事不要求全责备，对自己过分苛刻，追求事事处处都得体；不必考虑别人的评价，树立起对自我的信心。

教会孩子进行自我鼓励

人需要鼓励，而自我鼓励比外部的鼓励更可靠，因为只有自己最清楚自己什么时候需要鼓励。会自我鼓励的孩子，好比自己随身带了个急救包，可以随时打开，医治自己心灵的创伤。俗话说，“扫帚不到，灰尘是不会自己跑掉的”。化解恐惧情绪的目的还是为了解决问题，如果问题不解决，情绪会越来越恶化。所以，遇到社交恐惧时，孩子只有面对问题，充分准备，勇敢、积极地解决问题才是正道。例如，孩子不得不进行一次让他感到害怕的演讲，那么家长就要让孩子提前准备材料，书写提纲，预先练习；在走上讲台时深呼吸，进行自我鼓励，然后大胆地发言。随着孩子演讲的进行，他可能发现，原来不过如此，并且从此之后，孩子可能变得热爱在大庭广众之下发言了。

引导孩子正确处理冲突

孩子之间磕磕碰碰，吵吵闹闹是常有的事情，尤其是孩子到了六年级，有了自己的人生观、世界观，性格脾气也容易冲动，吵架便成了很多孩子社交中都会遇到的事情。

琴琴读的小学是寄宿制，高年级的学生都是自己去食堂排队打饭。这天，吃饭时间，琴琴看见一个陌生的同学插到了自己队伍的最前面，肚子很饿的琴琴立刻就大声对他说："同学，你怎么可以这样呢！"

"我怎么了？"那个同学一头雾水。

"插队啊！还问我怎么了！"饿着肚子的琴琴没好气地说。

"我没有插队啊，我只是问问是不是在这里买！"同学很委屈地说。

"快到后面排队去吧！别吵了！"后面好心的同学劝着琴琴和陌生同学。

下午上课的时候，老师居然把那个陌生同学领进了琴琴的班级，原来他是新转来的！

自我介绍完了之后，老师让大家相互聊聊，认识一下。琴琴思考再三，走过去对小蔡说："你好！今天中午对不起啊，误会你了！"

俗话说，伸手不打笑脸人，面对琴琴的友好，新同学尴尬地笑笑：

“你好！”

“今天中午我确实没想插队，但是因为我，确实也耽误了你吃饭的时间，还是对不起啊！”新同学主动对琴琴道歉。

“我也有错，今天太冲动了……”琴琴不好意思地笑了笑。

周末琴琴回家，和妈妈说自己交了一个“不打不相识”的好朋友，妈妈非常赞同琴琴的做法，夸她处理得好。

如果每一个孩子都像故事里的琴琴一样，善于与人交往，化解吵架、矛盾，那么就不会发生类似于下面的悲剧了。

13岁的娜娜和琳琳下午放学后，两人因为琐事发生争执并扭打，学校老师获悉后对她们进行了批评教育。本以为事情这样过去了，谁知，娜娜等在琳琳放学回家的路上，用事先准备好的小刀刺向琳琳的脸部，琳琳面部顿时鲜血直流。经医院诊治，琳琳的面部有一道4.2厘米长的伤口，另在右耳郭中段耳背处也有一道2.2厘米长的伤口。经鉴定，已构成轻伤。

孩子之间难免会发生冲突，如何引导孩子正确地处理冲突，是家长需要重视的问题。

找到事情的根本原因

哪个家长都不希望故事中娜娜和琳琳的悲剧发生在自己孩子的身上。那么，是什么原因造成了孩子爱吵架、喜欢用暴力解决问题的习惯呢？

第一，父母常吵架孩子易粗暴。在一个家庭里，父母关系不好，经常吵闹甚至大打出手，这样对孩子很不好，因为孩子经常接触家庭暴力的话，会理所当然地把暴力作为处理人际关系的手段。孩子们往往不懂得使用宽容、协商的办法，而是遇到矛盾就采用暴力，以为只要声音更大、更凶就能取胜，以为打了别人就能解决问题。

第二，溺爱养成了孩子自私自利的性格。父母对孩子的教导方式同样会深刻地影响孩子。家长对孩子太溺爱，不仅会使孩子变得自私自利，也会使孩子在处理人际关系时变得只能占便宜不能吃亏。一旦孩子“吃了亏”，他们会觉得特别委屈，想要找地方释放，暴力就是发泄方法之一。

看到冲突的好处

孩子与他人发生冲突之后，家长都怎么做的呢？有的退让，怕自己的孩子吃亏，叫孩子不与别人玩；有的大度，不计较对方的过错，只是责怪自己的孩子不好；有的呵护，与前者相反，不责怪自己的孩子，单方面埋怨别人的不是；有的计较，叫孩子不退让，以牙还牙……

凡此种种，家长总把孩子间的冲突看做是绝对的坏事，有的还克制不了自己，对孩子一顿训斥甚至实施暴力。其实，孩子之间相互交往难免发生矛盾，冲突是孩子的“必修课”，孩子间发生一些小的冲突并非全是坏事。对孩子来说至少存在四个“有利于”。

一是通过争辩、说理、争执，用较有说服力的完整语言来申辩自己的主张，试图说服对方，有利于发展孩子的语言表达能力和应变能力；二是能从对方反应的态度中，了解他人的感受，从中学会忍让、宽容和适应别人，有利于孩子克服以自我为中心，发展与他人的合作能力；三是通过争吵，让孩子的情绪得以宣泄，有利于孩子及时调整心态；四是通过发生矛盾，解决矛盾，重归于好，有利于孩子正确认识自我，调整自我，提高独立处理事情的能力，积累人际交往经验。

找出孩子吵架的原因

如果孩子吵架的后果没有很严重，家长不妨冷眼旁观，不急于制止，研究研究孩子的吵架原因，然后对症下药。如果是孩子爱计较，就要有意给他经历“吃亏”的事，让他慢慢调节自己的行为，学会宽容；

如果孩子爱冲动，情绪急躁，家长要注意“冷处理”，切忌以暴制暴；如果孩子爱打人，家长要从自己身上找原因，不要用打骂来替代教育，也要注意不要让孩子在攻击他人时尝到“甜头”。

尽量让孩子自己解决

让孩子自己解决问题，并不是意味着家长可以放任不管。一些孩子能够处理的小问题，可以尝试让孩子自己处理，从而使孩子学会思考、分析问题，做出判断。在这个过程中，家长要特别注意的是，孩子解决问题能力的提高，不是突然的，而是渐进的过程，家长要耐心一些，更要相信孩子处事的能力，要给予其自行解决问题的权利和空间。同时，家长还要起到“协助”的作用，如果一些问题孩子确实独自解决不了，家长可以旁敲侧击，比如“你们之间有了些误会，不如妈妈明天出去，你请他来咱们家里，你们俩好好谈谈”，给孩子出谋划策，让孩子逐渐学会如何化解矛盾。

不要阻止孩子与成绩差的朋友来往

有不少父母总是会用异样的甚至是很不友好的目光来看待孩子身边学习不好的朋友，有的还冠冕堂皇地搬出一大套理论来，比如“近朱者赤，近墨者黑”。这样的态度，对孩子社交能力的发展是很不利的。

今天，小白的好朋友夏雪来找她去放风筝，正碰上小白妈妈在教训她。这次考试，小白的成绩下降了，在班里只排到第19名。夏雪在一边替小白解围说：“阿姨，你们小白还好，我还不如她呢。”

谁知，夏雪不说倒还好，她一说，小白的妈妈反而更来劲了，她把夏雪也捎带进去了：“那你们还不在家好好补习功课，还到处乱窜什么，这马上就要毕业考试了！我要是学习不好，早就趴一边哭去了，看你们，一点事也没有，脸皮真厚！”

夏雪气得眼泪在眼眶里直打转，转身就跑了。小白和妈妈吵了起来：“妈妈，你怎么这样没礼貌！”

妈妈说：“我就是要把她气走，免得她以后再来找你，以后也不许你和她在一起了。”

“我为什么不能和她在一起？”小白大声质问。

“她学习成绩那么差，对你不会有什么好影响的！”

“她学习不好，与我和她能不能在一起有什么关系？再说，她的英语很棒呢！”

“我不管你怎么说，我就是不准你和这样的坏孩子在一起。”妈妈铁着脸，开始不讲理了。

小白气急了，大声喊：“她除了学习不好，什么都好！你不要贬低我的朋友！”

爸爸也在一旁帮腔：“小白，你妈妈说得有道理，‘近朱者赤，近墨者黑’嘛！”

小白讲不过他们两个人，跑进自己的小屋，把门反锁上。她觉得很委屈，父母怎么能这样对待自己的朋友呢？平时他们不是显得很有教养的吗？怎么现在原形毕露了呢？

小白为自己、更为夏雪抱不平，一个人的好坏怎么能用分数来衡量呢？

中国青少年研究中心曾经做过一项调查，发现虽然72.6%的父母表示“希望孩子和他喜欢的人交朋友”，但事实上，大多数父母却对孩子选择朋友有着严格的要求。81.6%的父母要求孩子选择学习好的同学做朋友，45.3%的父母会“为了学习，要求孩子减少与朋友的交往”。作为父母，应该怎样对待孩子的朋友，特别是成绩不太好的朋友呢？

明白孩子为什么爱和差生做朋友

很多家长在心底会有疑问，为什么孩子那么喜欢和那位成绩不好的朋友来往？以下几个理由也许可以为家长解惑。

第一，对方的经历让孩子感到新鲜。用旅游来打个比方，人们永远对自己没有去过的地方更加向往。同样的道理，孩子对自己不可能拥有的生活也是充满了新鲜感，他们好奇自己没有经历过的事情，更愿意和这样的人交谈、相处。

第二，失败时更能给孩子心灵的慰藉。学习成绩差、调皮捣蛋的同学经历失败的次数肯定比孩子多得多，他们已经“不怕挫折”。孩子在遇到困难和挫折的时候，他们的言语更容易让孩子的心灵得到慰藉，走出低潮。

第三，对方讲义气。学习成绩差、调皮捣蛋的同学大多很讲义气，虽然常常干些家长老师不喜欢的事情，但大多为人仗义，敢为朋友“两肋插刀”。

孩子交友不一定看成绩

一位林姓家长说：“我很体谅那些所谓的‘坏’学生。我女儿现在六年级，她跟班级里一位学习成绩差的同学关系很好，经常在一起，有很多共同的话题。周遭的朋友都善意地提醒我，让我叫女儿别跟这位同学走得太近了。我想了很久，在和女儿聊天的时候，我顺便问起那位学生在校的表现。女儿说，她人很好，很讲义气，有一次在街上她被小偷掏钱包，自己吓得不敢动弹，她居然当众打开小偷的手，狠狠白了他一眼，结果小偷灰溜溜地走开了。可以说，除了学习成绩不好外，她没什么别的缺点……听后我无语，这样的孩子，我有什么理由让女儿不跟她交往呢?”

诚如这位家长所说，孩子更注重朋友的义气。多数孩子交友更注重在一起的开心程度，家长一定要明白，成绩好与坏，决不是孩子交友的唯一标准。

善待孩子的朋友

家长要充分认识“善待孩子的朋友就是善待孩子”的道理。形成朋友的原因是多方面的，有的是有共同的兴趣爱好，有的是性格脾气相近。交朋友的目的，并不都一定是为了提高学习成绩，有的是为了感情表达的需要，有的是为了互相帮助。但既然是朋友，就肯定有感情，有许多共同之处和共同语言，如果家长不能容忍孩子的朋友，就等于不能容忍孩子。正是从这一点说，家长如果不能善待孩子的朋友，就是不能善待孩子。家长不能太功利，不要认为孩子做的一切都必须为了提高学习成绩。交友应该是广泛的，交友的目的也应该是多方面的，只要是正常的朋友，他们在相处和沟通过程中各自都能有所收获。

要明白“三人行，必有我师”的道理

孔子说：三人行，必有我师。这话说得非常好。每一个人都有自己的特长和优势，都有值得别人学习的地方。家长要明白，那些学习成绩不好的同学，有的具有其他方面的特长，比如篮球打得好，美术突出，或者是写一手好字，有一颗善良的心等等。学习成绩只是孩子的诸多素质的一个方面，他们只有广泛吸取不同类型同学的长处，才有可能成为一个全面发展的学生。家长需要做的是教会孩子辨别，分辨出朋友哪些地方是值得学习的，哪些方面需要摒弃。

真诚对待孩子的朋友

有些家长在对待孩子成绩差的朋友时，表现出“两面派”的作风：孩子的朋友在场时，让座、倒茶、请吃水果……显得非常客气；可是孩子的朋友一走，就警告孩子：“以后别跟他走得太近！”六年级的孩子已经有了自己判断是非的标准，家长的这种做法，只会让孩子看低父母的形象，损害亲子关系。因此，父母对待孩子的“差朋友”要出于真诚，表现出友好的态度。

友谊 VS 正义

友谊与正义的冲突，是孩子人际交往的过程中经常会遇到的，有些孩子能够处理好，有些孩子就因为处理不好而遭受痛苦。

下面是一封苦恼的六年级学生写给心理医生的信。

我最近和好朋友之间出了点问题，我不知道该如何处理，希望得到您的帮助和建议。

事情起源于上次数学考试，在离交试卷还有十几分钟的时候，坐在我后面的好朋友开始踢我的椅子，让我把最后一道难题的答案告诉他。这让我感到十分为难，因为他是我最好的朋友，上个月我打球时伤了脚，还是他帮我上楼下楼。凭着他的好视力，只要我往旁边一让，他就能看个一清二楚。可是我一直将作弊视为破坏公平的恶习，爸爸妈妈也一直教育我要诚实。如果自己配合了他不仅违反了有关纪律，而且破坏了自己的道德准则；如果拒绝他的请求，以后还能做好朋友吗？正当我犹豫的时候，监考老师发现了我们的举动。监考老师不仅当场批评了我们俩，而且还告诉了班主任，结果在星期一的班会上我们又受到了点名批评。

其实这还是次要的，重要的是，我那朋友现在不理我了。他认为如果我当时果断地配合他，就不会出任何问题，班里的部分男生也认为我“不够意思”，这让我也对自己产生了怀疑，我错了吗？

朋友之间的相互帮助是人之常情，无可厚非，朋友间的情谊也正是在相互帮助中建立和日渐深厚的。但是同时，每个人都有自己的人生处世原则，正因为每个人都有原则，而各自的原则又不是完全相同，所以人际交往中就会产生冲突、摩擦，这是很难避免的。如果孩子遭遇了“没有义气”之类的指责，父母应该做些什么呢？

鼓励孩子坚持原则

父母一定要肯定地告诉孩子：一个敢于和善于坚持自我原则的人是一个真正独立的、成熟的人。虽然一时间孩子会遭受同伴的指责，但是如果孩子违背了自己的原则，那么孩子要面临的将是对自我的指责，这远比别人的指责要严重得多，它可能改变孩子的处事风格、做人准则，变得人云亦云，迷失自我。

教给孩子拒绝的技巧

坚持原则就必定会遇到需要拒绝别人请求的情况，从社会学角度而言，“拒绝”不是在人际交往中一味地拒绝所有的请求，而是针对不同情况采取的最合理措施。如，当违背孩子做人的原则、有损孩子的人格、违法犯罪行为等，孩子应该严词拒绝。但一些孩子往往是知道应该拒绝，却不了解该如何拒绝。下面是一些拒绝的技巧，家长可以让孩子参考。

谢绝法：“对不起！”“谢谢，这样做可能不合适。”

婉拒法：“哦，我还没想好，考虑一下再说吧。”

不卑不亢法：“哦，我明白，可是你最好问对这件事更感兴趣的人吧！”

幽默法：“啊！对不起，今天我还有事，只好当逃兵了。”

无言法：摆手、摇头、耸肩、皱眉、转身等身体语言表示拒绝的态度。

缓冲法：“哦，我再和朋友商量一下，你也再想想，过几天再决定好吗?”

回避法：“今天咱们先不谈这个，还是说说你关心的另一件事吧。”

严词拒绝法：“这可不行，我已经想好了，你不用再费口舌了。”

补偿法：“真对不起，这件事我实在爱莫能助了，要不我……（提供另外一种力所能及的帮助）”

借力法：“你问问他，他可以作证，我从来干不了这种事！”

让孩子告诫朋友这样做是不对的

家长应该让孩子找时机劝阻朋友的不良行为，这本来也是作为朋友应该尽到的义务，帮助朋友将错误转化为自己成长的契机。如果朋友能够接受孩子的告诫，孩子既不用做“没有义气”的人，也做到了一个好朋友应该做的事情；如果朋友不能接受，家长可以建议孩子换一种方式与他沟通，比如短信、电话等。

驱除孩子“事不关己，高高挂起”的心态

面对友谊与正义的冲突时，有些孩子选择了“事不关己，高高挂起”的处理方式。

小璐的妈妈最近听其他家长说，小璐学校有一些男生利用课余时间去网吧上网，便在晚饭时问起了这件事。

“小璐，你们班男生是不是最近经常去网吧上网啊！你知道这件事情吗?”

小璐边吃菜边说：“嗯，是，有这回事儿。”

“那你怎么没有向老师报告这件事情?”小璐虽然不是班长，但也是个不大不小的班干部，妈妈觉得这种事情应该向老师报告才对。

没想到小璐很不屑地回答说：“干吗要报告，不是得罪人吗？我跟你说，上回来我们家那个菲菲，她偷着打小报告，说我同桌考试作弊，结果我们现在所有女生都和她划清界限了！我可不要像她一样。”

小璐的话令妈妈一时不知该怎么说才好。看着一天天长大的孩子，妈妈弄不明白了，孩子怎么变成了这样?

心理学家发现，孩子需要一个可以预料的世界，尤其是十二、十三岁的孩子，不确定性会使他们产生恐惧和焦虑。所以，在面临正义和友谊的选择题时，如果选择正义，那么孩子往往不确定自己将要迎接的结果是“众叛亲离”还是“友谊万岁”；但如果选择“事不关己，高高挂起”，那么结果是可以确定的——不会众叛亲离。孩子的这种状态是令人担忧的。一些小事情可以不计较，但一些大是大非（比如吸烟、喝酒、早恋、网瘾等等）家长一定要让孩子心中有责任感，让孩子明白“不告诉老师、家长是对自己、对朋友不负责任”，最终只会害了那些朋友。

改掉孩子不爱打招呼的坏习惯

见人打招呼是一种礼貌行为。家长都希望自己的孩子在人前表现得优秀些，更重要的是希望他们懂得人际交往的礼仪。但是，很多六年级的孩子，尤其是男孩，往往“沉默是金”，不爱打招呼，这就要家长有足够的耐心并要运用恰当的方法来改变孩子的习惯。

李东见到街坊邻居，从来不主动打招呼，见到熟人时只会低着头，一句话也不说，父母真不知道这孩子是怎么回事。

这天，父母带着李东去姑姑家给姑姑拜寿，大人们见了面忙着互相寒暄，李东却不知闪到哪去了，非得拽着他要他问好才行。

“这是表姑妈！”母亲为李东介绍说。

李东抬起低垂的头，冲着表姑妈笑了一笑，算是打了招呼，母亲看气氛尴尬，忙对表姑妈歉意地说：“这孩子，越大越不爱打招呼了，小时候以为长大了会好，没承想反倒变本加厉了！”

表姑妈表示理解地说：“没关系，很多孩子在这个年纪是不爱说话的，我儿子那会儿也这样。”

表姑妈离去后，母亲有点生气，气呼呼地问李东：“为什么不和表姑妈打招呼，叫一声又没什么！”

“我不好意思和表姑妈说话……”李东低着头，反复揉搓着衣角，轻声说。

母亲看着“不成器”的儿子，叹着气摇了摇头。

面对不爱打招呼，总是沉默寡言的孩子，家长应该怎么办呢？

找到孩子不爱打招呼的原因

孩子见人不打招呼、沉默寡言主要有以下几个原因。

第一，孩子见到人家不知道说什么，尤其是长辈或者父母的朋友，孩子跟他们没有什么共同话题，所以就尽量躲避。

第二，不知道如何称呼对方，尤其是第一次见面，孩子会怕万一叫错了，那多难为情，于是就三缄其口。

有一次，陆路跟妈妈到她朋友家玩，有个头顶有点秃的人来开门，陆路一见面就很有礼貌地叫：“爷爷好！”那位“爷爷”马上脸色变了。回家后，妈妈把陆路教训了一顿，说陆路乱叫，应该叫“叔叔”才对。后来陆路遇见大人就不敢打招呼了，就怕叫错了。

第三，父母没有树立好榜样，平时也不爱跟人打招呼，这会让孩子觉得不与他人打招呼也不是一件什么不对的事情。

第四，有的孩子很敏感，他们有强烈的自尊心，当孩子认为打招呼的人会有“戳他痛处”的可能时，就会避开。

扬扬见到同学的父母会不打招呼赶紧躲开，因为每次见到同学家长，他们总要问扬扬这次考了多少分，他的孩子考了多少分。扬扬的成绩本来就不好，他不想在外人面前丢脸，于是见到同学家长就躲。

帮孩子打到突破口

在某些场合，孩子也想打招呼，却又不知道如何开口，这就需要父母慢慢引导、帮助他们寻找方法，找到突破口。比如，孩子遇到第一次见面的同事，引导孩子“叫阿姨”，那么孩子就不会因为不知道怎么称呼而不打招呼了。孩子的社交能力在于每一次生活小细节的锻炼，家长要帮助孩子找找交谈的话题，让孩子融入大人的生活，慢慢地，孩子就会变得善于交谈起来。

给予孩子恰到好处的鼓励

当孩子在家长的引导下主动与人打招呼之后，家长要给予孩子恰到好处的鼓励。比如“刚刚你主动打招呼，非常好，相信你下一次的时候声音会大一些的”，家长在鼓励孩子，肯定孩子的同时，还要指出孩子有待进步的地方。

不要触及敏感问题

六年级的孩子比较敏感，家长在带着孩子与其他朋友交谈的时候，不要触及敏感问题，比如学习成绩、排名、择校等等。因为往往家长认为无关痛痒的一些话，会引起孩子心里极大的波澜。如果交谈的朋友提到这方面的话题，应该适当地聊两句，然后赶紧结束。

正确应对孩子不打招呼的尴尬

上面故事中李东的母亲在他不打招呼之后对表姑妈这样解释：“这孩子，越大越不爱打招呼了，小时候以为长大了会好，没承想反倒变本加厉了！”其实这样做是不对的。家长的评价很容易影响孩子的自我评价，伤害孩子的自尊心。家长不要认为孩子不与人打招呼是件很丢人的事情，每个孩子在成长的过程中都不是完美的，家长要耐心、细心地慢慢引导孩子，帮助他逐渐克服困难。

让孩子学会站在“对面”看问题

汽车大王福特曾这样说过：“成功假如有什么秘密的话，就是设身处地为别人着想，了解别人的态度和观点。因为这样不仅能得到你与对方的沟通和理解，而且可以更清楚地了解对方的思维轨迹，从而有的放矢，击中要害，成为成功者。”孩子能够站在对方的立场看问题吗？

心理学家塞尔曼认为儿童观点采择发展可以划分为以下 4 个阶段：

阶段 0：自我中心的观点采择阶段（3～6 岁）。此阶段的儿童不能认识到他人的观点会与自己不同，因而往往只按自己的好恶作反应行为。

阶段 1：社会信息的观点采择阶段（6～8 岁）。此阶段的儿童已能认识到别人的观点可能与自己相同，也可能不同，因而开始表现出对他人心理状态的关心。

阶段 2：自我反省的观点采择阶段（约 8～10 岁）。此阶段的儿童认识到即使自己和他人得到同样的信息，观点也会有冲突，他们已能考虑到他人的观点，并预期他人的行为反应。

阶段 3：相互性观点采择阶段（10～12 岁）。此阶段的儿童不但能考虑自己和他人的观点，而且还认识到他人也会这样做，于是会从第三者的视角来看问题，从而使观点的表达显得更客观。

孩子六年级的时候，正值 10～12 岁，因此，他完全具备站在对方立场看问题的能力，家长要教会孩子换位思考，锻炼孩子的人际交往能力。

让孩子秉持“你是对的”的态度

禅宗里面有这样一则脍炙人口的小故事，便蕴藏着这样的道理。

有两个小和尚平常就爱抬杠，有一天，两人又为了一点小事争论起来，愈说愈大声，最后吵得面红耳赤，谁也不服谁。

第一个小和尚气冲冲地跑去找师父评理。师父很有耐心听完小和尚的诉说，淡淡地说：“你是对的。”

有师父这句话，第一个小和尚得意洋洋地回房去了。

不久，第二个小和尚也气冲冲地跑去找师父评理。师父也很有耐心听完他的说明，照样淡淡地说：“你是对的。”

第二个小和尚也高兴地回房去了。

这时，一直在旁服侍老和尚的第三个小和尚忍不住开口说：“师父，您平常教导我们待人要诚实，万万不可做违心之论，可是我刚才亲耳听见您跟两位师弟都说对，恕我冒犯，您这样岂非在做违心之论呢?”

师父对第三个小和尚的质疑，非但不生气，反而和颜悦色地说：“你是对的。”

第三个和尚入门较久，也比较有慧根，听师父这么说，立刻开悟，跪谢师父的棒喝。

由此可见，当每一个小和尚都固执己见，毫不相让时，就会争论不休。倘若能将心比心，站在对方的立场想问题，秉持“你是对的”的态度，争执心定减少，彼此的摩擦也较易获得解决，这样才会有助于形成良好的人际关系。当然，这并不是说，孩子不能有反对他人的时候，一些问题对就是对，错就是错，只是如果能够在辩驳之前想一想“你是对的”，就更容易与对方沟通。

教孩子“想人所想，理解至上”

换位思考的另一层意思，就是设身处地为他人着想，即想人所想、理解至上。人与人之间少不了谅解，谅解是理解的一个方面，也是一种宽容。

一天，一个年轻的犹太妈妈带着儿子去拜访朋友。

在公共汽车上，一位背着大包的青年挤进了车厢，妈妈被大包撞到了一边。

儿子关切地问：“妈妈，你没事吧？”同时，他恼怒地看了那位青年一眼，喊了一句：“太可恨了！”

年轻的妈妈看着儿子，说道：“可不能这么说，这位叔叔不是故意的。”这时，那位青年也连连向她道歉。儿子听到这些，惭愧地低下了头。

几天以后，妈妈早早下了班，她骑着车子来到学校，准备接儿子回家，结果发现儿子的手破了皮，血一滴滴往下流。妈妈心疼极了，赶快找来一些纱布，将他的伤口包好。然后就去问老师是怎么回事，老师也很纳闷，因为这位老师既没有看到孩子来报告，也没有听到孩子哭过。

妈妈不解地问：“为什么不告诉老师呢？”

他笑着说道：“妈妈，小朋友不是有意弄伤我的呀！为这事，他已经深感不安了，如果我再去告诉老师，他会更加自责的。”

妈妈听了非常高兴，她摸着儿子的头说：“好孩子，你已经学会了谅解别人。”

这位妈妈通过言传身教，在潜移默化中给孩子树立了一个好榜样——即站在他人的角度看问题。做父母的要让孩子知道，谁都会有被“冒犯”、“误解”的时候，如果能深入体察对方、站在对方的角度看问题，或许能达成谅解。一般说来，只要不涉及原则性问题，都是可以谅解的。谅解是一种爱护、一种体贴、一种宽容、一种理解。反之，如果对此耿耿于怀，心中就会有解不开的“疙瘩”！

与孩子互换角色

互换角色可以让孩子较快地学会站在他人的立场看待问题。家长可以与孩子经常开展互换角色的游戏，让孩子扮演父母、老师、农民、警察……各种不同身份、职业的角色，引出他们“假如我是父母”、“假如我是××”的话题，让孩子站在别人的立场上，组织语言，组织行为，说出他们心里的感受。在“角色换位”结束后，家长可以针对孩子的表现进行疏导与教益，使他们了解父母、老师、农民……的辛苦，体谅别人的心情等。

培养孩子的合作精神

美国哈佛大学就业指导小组调查了几千名被公司解雇的人员，结果显示：他们中因人际关系处理不好被解雇的是不称职被解雇的两倍。在一些公司或企业，被招聘进去的都是高智商的人才，他们的学识和知识都超过普通人，但他们为什么有的人成绩卓越，有的人默默无闻甚至被解雇呢？答案就是后者缺乏合作精神。

可见，在越来越重视合作、讲究团队精神的当今社会，孩子再优秀，如果不能融入群体之中，与别人进行有效的合作，也很难获得成功。目前中国大部分家庭都是独生子女，独生子女在家庭生活中缺少年龄相近的兄弟姐妹，缺少与同伴交往的机会和体验，加上家长的溺爱娇惯，使他们形成任性固执、不知道爱人、缺乏责任感、依赖性强、性格懦弱孤僻等心理弱点。从中国的现实情况看，重视培养孩子的合作能力、发展孩子的社会性更是迫在眉睫。

如何鼓励和培养孩子的合作精神呢？

有意识的让孩子参与家庭事务

日常生活中，父母要有意识地让孩子帮自己做一些事，尤其要留意一些需要两个人合作的家务活让孩子参与。有时父母也应该装作有一些家务活不知如何去干的样子，让孩子想办法，这样更容易引起孩子的兴趣。另外，父母不要因为孩子能力不足，认为让他们干活简直就是添乱而不让他干，拒绝他，这样最容易打击孩子的积极性。孩子有了和父母合作的经验，进入集体环境中，就很容易融合到一起。

让孩子体会合作的重要性

家长可以选择一个节假日，宣布全家外出野餐，但是，每个人都必须为野餐做一些准备，孩子自然也不例外。如果孩子圆满地完成了准备工作，那么，可以明确地赞扬他一番。如果孩子因为某些因素没能完成准备工作，那么，就可以借机讲明合作的重要性，让孩子受到一次很好的教育。这样，孩子就会明白，在团体生活中，有很多事情是需要团体成员互相合作来完成的。

家长还可以多给孩子讲一些有关合作的哲理故事，让孩子体会合作的必要性。譬如《两只老鼠偷油吃》的故事。

两只老鼠在夜里偷吃人家的油，不小心一起掉进了大油瓶子里。一开始，两只老鼠怒目对视，相互埋怨。一方抱怨另一方推搡了一把，致使自己滑入死亡的绝境；另一方则说，自己无能还埋怨别人，死到临头还这般不讲理，真是活该！双方骂得不过瘾，又动了手。这时候，食油渐渐没到了两只老鼠的脖子，让它们呼吸困难。在生死考验前面，两只老鼠感到相互对抗只有死路一条，必须相互合作才能够逃生。于是，它们和解了，并且想出了逃生的办法。先是一只老鼠踩在另一只老鼠的身上跳出油瓶，然后它又用自己的尾巴把另一只老鼠拽了上来。

类似的关于合作精神的小故事很多，家长可以多收集一些。当孩子听完故事之后，家长可以让孩子说一说他得到了什么启示。

在集体活动中培养孩子的协调能力

培养孩子的合作精神，还要让他们懂得如何协调自己与他人的利益，使得整体活动得以进行。这里并不要求孩子每次都放弃自己的利益，但要让他们知道，若想使整体的秩序不被打乱，需要每个成员都向同一方向努力，要让孩子学会考虑如何做才能使整体的利益得到最好的保护。一个有很好合作和协调能力的孩子会很快适应社会集体生活，并发挥积极作用；而不懂合作和协调的孩子在生活中会遇到许多麻烦，产生更多的困难并且无所适从。

给孩子创造与他人交往的条件

随着年龄的增长，六年级的孩子往往会产生摆脱各种束缚和依赖的独立倾向，这是儿童心理发展的正常现象。另一方面，与独立性同步进行的是与人交往的心理需要。孩子也盼望能早日迈入成人的社会中，发展独立性和社会性，这是儿童达到自我与社会统一的必要前提，是儿童教育中重要的内容。

家长应该找机会，创造孩子与他人交往、合作的条件。比如，邀请一些和孩子同龄的小伙伴，给他们选择一些大型的玩具，由于大型玩具需要大家配合才能玩得转，孩子们便会主动聚在一起，相互配合，这就给了锻炼孩子合作能力的极好机会。当孩子一旦觉得跟他人合作利大于弊的时候，会更愿意与人合作。

当孩子遭遇校园暴力……

到底什么是校园暴力？有专家认为校园暴力可分为广义和狭义两类。狭义的校园暴力是发生在校园内的，由教师、同学或者校外人员针对受害人身体和精神所实施的、达到一定严重程度的侵害行为；广义的校园暴力是指发生在校园或主要发生在校园中，由同学或校外人员针对学生身体和精神所实施的造成某种伤害的侵害行为。广义和狭义中所知的侵害行为主要是指拦路勒索、敲诈、抢劫、殴打、欺辱等行为，通常伴随有暴力威胁的方式。

黄婷上六年级，新学期开学没多久，爸爸就发现她有些不正常的举动，老是一放学就慌慌张张地钻到卧室里。一天，爸爸发现女儿没戴手表，就随口问了一句："爸爸给你买的运动手表呢？"

黄婷涨红了脸，支支吾吾地说："不小心弄丢了……"

"丢了？那块表你很喜欢的啊！"爸爸很吃惊，向来很细心的女儿，怎么会丢掉心爱的手表呢？

"丢了就是丢了嘛……"说着，女儿低头跑了出去。

过了几天，吃晚饭的时候，爸爸突然看到女儿的脖子上有几道抓痕，就问她出了什么事，黄婷支支吾吾地说是自己挠的。联想起近来女儿的反常举动，爸爸产生了怀疑。

第二天，黄婷上学之后，爸爸来到她的房间仔细查看，发现女儿存了很久的储蓄罐已空空如也，新的名牌运动鞋和背包也不翼而飞。这孩子到底怎么了?

黄婷放学回来，爸爸耐心地跟她交谈了一次，打消了顾虑的女儿终于说出了实情。

原来，黄婷每天放学的路上都要经过几条偏僻的小巷，近来，总有几个小混混在这附近活动，没多久，每天按时上下学的黄婷成了他们的目标。他们用拳头威胁黄婷，把身上值钱的东西交出来。

“他们说，如果不听话，就要挨揍。”黄婷哭哭啼啼地说。

爸爸看着女儿脖子上的抓痕，心疼极了。

“他们还说，不许告诉老师和家长，不然就把她扒光了照相，放到网上去。”可怜的黄婷被吓坏了，颤抖地说。

爸爸抱紧了女儿，心里有了主意：报警、告诉学校。他一定要保护女儿，不让女儿受到伤害。

校园暴力是一直以来都备受关注和争议的问题，具有一定的社会复杂性。当孩子被辱打，钱包被掏空的时候……家长必须要做点什么，为孩子们营造一个圣洁、安全的校园生活。

当孩子被勒索敲诈时

如果孩子碰上有人勒索保护费，或者以各种借口被敲诈时，家长应教会孩子采取以下措施。

第一，沉着冷静，顺从对方的话去说。一定要沉着冷静，从其言语中找出可插入话题，缓解气氛，分散对方注意力，同时获取信任，采取迂回战术，尽可能拖延时间。

第二，要学会做暂时的妥协。面对那些勒索者，甚至是社会上的小混混，如果直接反抗，结果可能是自己吃亏。这时候孩子应该考虑的是如何先摆脱那些坏人，包括暂时满足勒索者的要求。

第三，立即向学校、公安机关报告。虽然歹徒一定会要求不能告诉家长或报警，但是越怕事，越不敢声张，不法之徒就越嚣张，孩子应该立即告诉父母或报案。

另外，为了预防此类事件发生，家长给孩子的穿戴用品尽量低调，不要过于招摇。孩子上下学、独自出去找同学玩时，家长要告诫孩子不要走僻静、人少的地方，要走大路。不要天黑再回家，放学不要在路上贪玩，按时回家。

当孩子被殴打欺辱时

当孩子被殴打时，正确的做法是：第一，护住身体重要部位；第二，向路人呼救求助，采用异常动作引起周围人的注意；第三，人身安全永远是第一位的，不要去激怒对方。为了避免殴打事件的发生，孩子在学校时，要争取不主动与同学发生冲突，一旦发生及时找老师解决。

另外，如果孩子遇到了这样的问题，作为家长，不能因为怕孩子受到报复而采取忍让的方式，但是，也不要自行采取暴力行动。对于那些欺侮、殴打未成年人的不良少年，最有效的办法就是报警，寻求公安机关的帮助，将这些人绳之以法。

利用媒体对孩子进行安全教育

利用媒体对孩子进行安全教育可以给家长带来许多的便利：形式丰富、说服力强、科学全面、省时省力。在家里，家长可以轻松利用报纸、杂志、电视、广播等对孩子进行安全常识的教育。此外，家长可以结合孩子的喜好选择健康、优秀的网站，和孩子一起学习安全知识，观看安全教育视频。

让孩子谨记“五不要”

家长要让孩子谨记：不要轻易接受他人的食品、饮料等，防止发生意外；不要告诉陌生人自己的家庭住址，家门钥匙不给陌生人；不要单独在偏僻、阴暗的地方行走，特别是晚间要设法绕开行人稀少、光线较暗的立交桥等偏僻路段；不要搭乘非法运营汽车、摩托车，尽量乘坐公交车辆和的士；不要加入“帮派组织”，寻求保护或敲诈勒索他人。

对孩子强调网络安全

家长要对孩子强调：在网上，不要把家庭地址、学校名称、电话号码、密码、家庭经济情况等告诉网友，或在线注册时填写；未经家长的同意，不在网上发送自己的照片；如果遇到带有脏话、攻击性、淫秽、威胁、暴力等使人感到不舒服的信件或信息，不要回答或反驳，要马上告诉家长或老师；约见网友尽量在公共场所，有朋友或家长陪同，避免上当。

第五章

六年级，孩子思维能力的发展期

提高孩子思维的灵活性

思维的灵活性是指善于打破陈规，按不同的条件，不断地调整思维的方法，灵活运用一般的原则和原理。

绝大多数人都听说过发明大王爱迪生的故事，当他在测量灯泡体积时，复杂的计算让他头疼不已，于是，他马上放弃了这种方式，利用灯泡在水中的体积来计算，很容易便解决了。还有他为了发明电灯，曾试过一千多种材料，最后终于找到了适于电灯的炭化竹丝。人们常常拿这个故事来说明“失败乃成功之母”的道理，但是，也可以说正是由于爱迪生具有灵活的思维，不拘泥于某一种形式才取得了成功。与此同理，家长在培育孩子的过程中，及早发现或引导孩子掌握知识的灵活性是非常重要的。

“脑筋急转弯”成了凡凡班里现在最流行的小游戏。

“给你做个脑筋急转弯！上课铃声响了，却没有一个同学在教室里，怎么回事?”凡凡的同学问道。

“嗯……因为上的是体育课啊，所以教室里自然没有人，都在操场上呢!”凡凡思考了一会儿大声回答道。

“哇，凡凡好聪明!”许多埋头苦想的孩子见凡凡已经说出了答案，都羡慕地夸奖道。

“再来，还有吗？”凡凡骄傲地说。

“什么布切不断？”有人问凡凡。

“什么布切不断……”凡凡一边重复着问题，一边想着，“啊，我知道了，瀑布！”凡凡手舞足蹈地说。

“对，对，对，就是瀑布！”旁边的同学恍然大悟地说。

课间十分钟，总有同学围着凡凡问脑筋急转弯，凡凡的脑筋确实也转得很快，很少有答不上来的。

思维能力是人的一种高级认识能力，是在感觉、知觉、记忆等过程的基础上产生的，是智力的核心。思维灵活、敏捷的孩子有较强的分析和解决问题的能力，能够快速作出正确的分析、判断。所以，家长在日常生活中要有意识地培养孩子思维的灵活度。

判断孩子思维的灵活性

孩子的思维是不是具有灵活性呢？家长可以参考以下几个判断的标准。

第一，孩子喜不喜欢看智力测验题、脑筋急转弯、猜谜语，并且大多数情况下，都能快速、准确地给出正确答案？

第二，面对生活或学习中的问题，孩子能不能够在较短时间内找到行之有效的解决办法？比如，在玩耍时将皮球掉到树洞中，无法直接拿出来，便很快想到往树洞里灌水，使皮球浮上来，顺利地拿出皮球。

第三，对不能解决的问题，孩子是不是总是自己通过试验得出答案？喜欢思考，爱动脑？

第四，孩子的思维是否具有发散性，能从不同的思路找出解决问题的不同办法？比如是不是擅长做一题多解，一道题可以通过不同方式解答。

第五，孩子的联想力是否丰富，能否通过一件事便可由此及彼、联想不同事物间的共同特征？比如，讲到“微风”，孩子自然而然便想到“风筝”。

第六，是否具有强烈的好奇心和求知欲望，遇到不明白的问题，无论如何都要找到答案？

第七，孩子的爱好、兴趣是否广泛，有很强的自信心？

如果肯定的答案比较多的话，那么这些孩子的思维就比较有灵活性。

丰富孩子的知识

孩子的知识越丰富，思维也就会越活跃，因为丰富的知识和经验可以使孩子产生广泛的联想，使思维灵活而敏捷。根据孩子思维的具体形象的特点，家长要重视运用直观教育，尽量调动孩子的感觉器官，使之能充分感知周围的事物，增进感性知识和经验。可以的话，家长应经常带孩子外出参观、游览，在游玩时多问孩子一些问题，促进孩子的积极思考，如“这棵树的形状像什么”，促使孩子仔细看、认真想。

另外，家长还可以每天花一定的时间组织孩子进行见闻汇报，一边帮助孩子理清思绪，一边提供必要的词语，让孩子说出自己的见闻。这样，孩子既锻炼了思维，发展了语言，又丰富巩固了知识，一举数得。

为孩子设疑

在孩子阅读或者做其他事情的时候，如果可以，那么就给孩子留下一些悬念，一些疑问。比如问孩子：“一位小朋友，扛着扁担到田里去帮大人抬菜，半路上看见水渠对面有只小花猪正在瓜田啃瓜。他想去赶，但被一米多宽的水渠挡着，怎么办？”让孩子帮他想个过渠的办法。这一悬念能激发孩子思维的积极性，他们会在特定的情景中想出各种办法来：扁担架在渠道上爬过去；脱了鞋子走过去；用扁担支住渠底，像撑竿跳高那样跃过去……孩子面对疑难积极思考，从而训练思维的灵活性。

让孩子经常处在问题之中

思维是从问题的提出开始的，接着便是一个问题的解决过程，所以说问题是思维的引子，经常面对问题，大脑就会积极活动。

当孩子爱提各种各样问题的时候，家长要跟孩子一起讨论、解释这些问题，家长的积极主动对孩子影响很大。如果遇到自己也弄不懂的问题，可以通过请教他人、查阅资料、反复思考获得答案，这个过程最能提高孩子的思维能力。孩子六年级了，他不会像以前那样爱主动向家长提问，所以这时家长应该主动提出一些问题进行讨论。

利用想象打开孩子的思路

想象力是智力活动的翅膀，为思维的飞跃提供强劲的推动力。因此，要善于提出各种问题，让孩子通过猜想来打开思路。牛顿从树上掉苹果而产生想象，进而研究出万有引力定律。某物理学家在评论爱因斯坦时说："作为一个发明家，他的力量和名声，在很大程度上应归于想象力给他的激励。"这些都从一个方面说明了想象的重要性。家长要利用想象打开孩子的思路，比如，让孩子联想"铅笔的作用"。除了写字，其实铅笔还有很多灵活多变的作用，可以鼓励孩子大胆想象。

激发孩子的创新思维

创新思维是指对事物间的联系进行前所未有的思考，从而创造出新的思维方法，是一切具有崭新内容的思维形式的总和。一切需要创新的活动都离不开思考，离不开创新思维，可以说，创新思维是一切创新活动的开始。孩子的创新思维需要从小培养，他们的思维具有极强的可塑性，使孩子处于萌芽状态的创新能力得到发展是家庭教育的一个重要任务。

江苏省常熟市何市镇有个叫陆宏达的小男孩，因从小随父母下地劳动，对蜗牛危害农作物特别是棉花幼苗的现象深为痛心，而又苦闷于蜗牛背着“房子”走四方，一般农药奈何不了它，于是突发奇想：要是有一种虫子能吃蜗牛就好啦！他经过夏秋两个季节的仔细寻觅观察，终于发现了一种小黑虫是蜗牛的天敌，并掌握了它的生活习性，提出了“以虫治虫”的大胆设想。在科研单位的帮助下，陆宏达的愿望实现了，目前一种全新的“以虫治虫”的方法已被实验用于蜗牛防治工作中。为此，陆宏达被誉为“发现蜗牛克星第一人”。

杭州市有个小女孩，因父母外出不在，就留她在家照顾卧病在床的老奶奶。奶奶想吃玻璃罐头瓶里的糖水桃子，小女孩用刀子撬，用菜刀割。手指被扎破直流血，可是罐头瓶盖还是打不开。小女孩想：别的小朋友、叔叔阿姨、爷爷奶奶也这样开罐头该是多么的不方便呀！如果能在铁皮卷边的地方加一个小环，手指套在小环里沿着压橡皮的外圈把铁皮拉开，罐头瓶盖不就被方便地打开了吗？她的这一想法不仅得到了家长的肯定，还得到了学校老师的支持，人们帮助她完善了这个构想。不久，一种侧拉开瓶式玻璃罐头的发明诞生了。为此，这个女孩成为我国年纪最小的发明专利的申请者。

很多人把创新思维看得很神秘，觉得那是智商高、特别聪明的人才具备的，其实创新能力并不那么高不可攀。对于孩子来说，虽然他们并不能创造出什么“震撼世界的东西”，但他们却蕴藏着巨大的创新潜能，家长要做的就是逐步开发孩子的潜能！

孩子缺乏创新意识的原因

虽然每个孩子都有创新的潜能，但是在现实中，具备创新意识和创新能力的孩子那么少，究竟是为什么呢？

第一，教育方式的影响。多数家庭的教育重心完全倒向技巧与智力训练，这种训练导致孩子过早地厌倦学习、抵制接受新事物。尤其是六年级的孩子，面临着毕业升学，家长是“一面倒”，更重视孩子的学习成绩，这无形中抑制了孩子创新潜能的充分发挥，摧残了孩子的创造灵感，扼杀了创新的嫩牙。

第二，传统观念的影响。中国儿童教育的特点是“听话教育”与“知识教育”。以“乖孩子”和“有特长”为理想目标，不注意心理素养与创造能力的发掘，缺乏“问题意识”，不能想别人没有想过的，不能做别人没有做过的。强调接受能力，忽视亲力亲为，动手能力差，依赖性强，这种教育理念的结局必然是扼杀了孩子的创新精神。

营造和谐的家庭氛围

营造一个宽松的家庭氛围，让孩子自由想象，与孩子进行平等交流，这对促进孩子的创新思维有十分重要的作用。在这种气氛下，孩子和父母有着积极交流的愿望，孩子往往会尝试一些新颖的主意和想法，使自己的行为和思维方式更独特。也只有在这种气氛下，孩子敢疑、善疑，敢问、善问，敢于创新、善于创新。

引导孩子敢于表现自己

创新是一个表达自主想法的过程，只有勇敢地把自己的想法表达出来，不拘泥于习惯的做法，才可能在今后的学习、社会竞争中表现出与众不同的创新意识。为此，家长要有意识地培养孩子敢于表现自己的能力。比如，家长可以经常带孩子参加一些人数比较多的活动，让孩子勇敢地去表演一个节目，或主动向其他人表达自己的看法。这样做能为孩子创新思维的培养奠定一个很好的基础。

兴趣是创新思维的发动机

大科学家爱因斯坦曾说："兴趣是最好的老师。"当孩子对某件事物有了浓厚的兴趣时，就会主动运用各种感官去看、去听，动口说、动脑想、动手操作，积极探索。孩子的兴趣越浓，就越能充分调动其创新思维的活动。

鼓励孩子的实践活动

只有在各种活动中，孩子的创新思维才能体现出来。家长要有意识地培养孩子的动手能力，鼓励孩子参加实践行动。比如家长可以和孩子一起动手做他们喜欢的东西，一起研究钥匙机器人、变形金刚等拼装玩具……与此同时，婉转地对孩子指出哪里做得不好，进一步培养孩子的创新思维。

学会欣赏孩子的作品

孩子眼中的世界是极为精彩的，他们展现自己心灵世界的方式也是极为丰富的。作为家长，要学会认真聆听孩子的心声，学会欣赏孩子的每一次表现，哪怕是一个小小的有创意的变化，一句新的词语，一首不成调的歌曲，都要真心地发出赞叹。那样，孩子就会很开心，“创作”的灵感就会源源不断。

发展孩子的逻辑思维能力

逻辑这个词，乍一听给人的感觉很抽象，很枯燥，很多家长也不明确逻辑思维在孩子成长中所扮演的角色。其实，逻辑思维对于孩子而言，影响着他们的方方面面，比如在学习上，“逻辑思维是孩子写作和数学的基础智力”。据专家介绍，“现在很多大学生不知道如何写论文，小学生一写作文就头疼，或者数学成绩不好，其实都是受到了逻辑思维能力差的影响”。这只是其一，逻辑是孩子学习、生活、正确地进行思维、准确地表达思想的重要能力。

孩子思维发展的过程

儿童思维的发展分为三个阶段：动作思维阶段、具体形象思维阶段和抽象逻辑思维阶段。

不到三岁的孩子以动作思维为主，思维在动作中进行。孩子最初的动作往往是杂乱无章、漫无目的的，以后在不断的操作过程中了解动作与结果之间的关系。例如，一岁的孩子看到桌子上的娃娃，想拿可够不着，他就会一边叫一边无意识地抓桌布，结果娃娃随着桌布被拉过来了，孩子以后就学会了借助别的东西来达到自己的目的。三岁的孩子拍球时，开始是乱拍，不了解自己的动作与弹球的关系，经过学习和训练，他逐渐理解了其中的关系，学会了正确的拍球动作。

三到六岁的孩子具体形象思维占优势，他们缺少立体感和空间感。比如，你拿两个同等体积但形状不一的杯子，让他们挑出谁大谁小，他们肯定答不出。在做计算时，用苹果来举例子，就容易理解；用数字加减，他们就反应不过来了。

六到十一岁是培养孩子抽象逻辑思维能力的关键时期。在这一时期的孩子有的掌握了正确的思维程序和科学的思维方法，有的却没有。比如，家长可以问孩子："有一只大盒子，内有三只小盒子，每只小盒子里又有四只小盒子，那么，连大带小一共有几只盒子？"有些孩子就是不能计算出来，因为他们顾此失彼，不能一步步考虑题目的结构，做出正确的计算。孩子的思维能力是逐步发展起来的，抽象逻辑思维能力对于孩子尤为重要，家长要提高训练孩子逻辑思维能力的意识，科学地强化弥补孩子的逻辑思维能力。

小学六年级的孩子正好处于逻辑思维能力发展的关键时期，家长应该有目的、有计划地对孩子未来所需要的逻辑思维能力进行培养。

从生活小事中着手培养

培养孩子的逻辑思维能力并没有家长想象的那么困难，完全可以从生活小事中着手。

萱萱最爱和妈妈一起逛街了。这天，新的超市开张，商家开业大酬宾，很多商品都非常便宜，萱萱和妈妈一大早就出门"抢购"。

经过2个小时的"奋战"，萱萱和妈妈终于大包小包地回到了家。看着满桌子买回来的东西，妈妈刚打算自己动手收拾，忽然灵光一闪——这不正好是锻炼萱萱逻辑思维的好时候吗？于是把萱萱叫到跟前说："萱萱，现在妈妈交给你一个光荣而又艰巨的任务——把刚刚买回来的东西分类归置好，比如，水果放到水果篮，衣服放进衣橱……妈妈现在去厨房做饭，等待你旗开得胜的好消息！”

萱萱向妈妈敬了一个礼，说：“Yes，Madam!”

半个小时过后，萱萱走进厨房，对妈妈说：“妈妈，你快出去看看，我都分好类，归置好了！”

妈妈放下手中的活儿，出去检查女儿的“工作情况”。

“嗯，不错，水果放好了，新买的衣服放好了，卫生纸也放到厕所了，肥皂也放进肥皂盒里了……不错不错，干得漂亮！今天妈妈做红烧鸡翅犒劳犒劳你怎么样！”

“好棒！”萱萱蹦蹦跳跳地走进了自己的房间看电视去了。

逻辑是人通过概念、判断、推理、论证来理解和区分客观世界的思维过程。生活中遇到需要判断、推理的事情，家长大可以放手让孩子来做，以此训练孩子的逻辑思维能力。

多给孩子一些“逻辑趣味题”

一些很有趣的思考题也可以很好地锻炼孩子的逻辑思维能力。比如：

有一个土耳其商人，想找一个助手协助他经商。但是，他要的这个助手必须十分聪明才行。消息传出的三天后，有A、B两个人前来联系。

这个商人为了试一试A、B两个人中哪一个聪明一些，就把他们带进一间伸手不见五指的漆黑的房子里。

商人打开电灯说：“这张桌子上有五顶帽子，两顶是红色的，三顶是黑色的。现在，我把灯关掉，并把帽子摆的位置搞乱，然后，我们三人每人摸一顶帽子戴在头上。当我把灯开亮时，请你们尽快地说出自己头上戴的帽子是什么颜色的。”

说完之后，商人就把电灯关掉了，然后，三个人都摸了一顶帽子戴在头上。同时，商人把余下的两顶帽子藏了起来。

待这一切做完之后，商人把电灯重新开亮。这时候，那两个人看到商人头上戴的是一顶红色的帽子。

过了一会儿，A 喊道："我戴的是黑帽子。"

请你说一说，A 是如何推理的？

类似这样的思考题非常有趣，又能非常有效地锻炼孩子的逻辑思维能力。家长在平时要做一个有心人，多搜集一些逻辑趣味题，在闲暇的时候和孩子一起思考、一起分析。

帮助孩子打破思维定式

所谓思维定式，就是按照积累的思维活动的经验教训和已有的思维规律，在反复使用中所形成的比较稳定的、定型化了的思维路线、方式、程序、模式。

有这样一个著名的试验：把六只蜜蜂和同样多的苍蝇装进一个玻璃瓶中，然后将瓶子平放，让瓶底朝着窗户。结果发生了什么情况？蜜蜂不停地想在瓶底上找到出口，一直到它们力竭倒毙或饿死；而苍蝇则会在不到两分钟之内，穿过另一端的瓶颈逃逸一空。

由于蜜蜂基于出口就在光亮处的思维方式，想当然地设定了出口的方位，并且不停地重复着这种合乎逻辑的行动。可以说，正是由于这种思维定式，它们才没有能走出囚室。而那些苍蝇则对所谓的逻辑毫不留意，全然没有对亮光的定式，而是四下乱飞，终于走出了囚室。头脑简单者在智者消亡的地方顺利得救，在偶然当中有很深的必然性。

如果这个动物界中的实验还不足够直观地表明什么是思维定式，那么下面这个小故事则更加鲜明。

有这样一个问题：一位公安局长在路边同一位老人谈话，这时跑过来一位小孩，急促地对公安局长说："你爸爸和我爸爸吵起来了！"老人问："这孩子是你什么人？"公安局长说："是我儿子。"

问，这两个吵架的人和公安局长是什么关系？

这一问题，在100名小学六年级毕业生中只有两人答对！答案是"局长是个女的，吵架的一个是局长的丈夫，即孩子的爸爸；另一个是局长的爸爸，即孩子的外公"。

为什么那么多孩子对如此简单的问题却答不出来呢？这就是思维定式：按照一般的经验，公安局长应该是男的，从男局长这个心理定势去推想，自然找不到答案。六年级的孩子已经有了比较丰富的认知，也有了自己固定倾向的思维习惯，很容易就陷进思维定式里面。若想提高孩子的思维能力，家长必须帮助孩子冲破思维定式。

和孩子一起质疑旧观念

时代在发展，人们的知识也在不断地更新，一些以前根深蒂固的旧观念，其实是不正确的，但它们却制约着孩子的思维。比如"天下乌鸦一般黑"，以前没有任何人会怀疑"乌鸦是黑色的"这个概念，但是现在，国内外有许多报刊报道说，在世界不少地方都发现了白乌鸦。以前千真万确的事情，现在却被颠覆了。因此，要帮助孩子打破思维定式，就要从怀疑旧观念，发现新事物开始，让孩子多读书，多了解社会，不要拘泥于条条框框，要敢于质疑。

鼓励孩子坚持己见

要想让孩子突破思维定式，鼓励孩子独立思考，坚持己见是一个关键环节。

物理学家福尔顿，由于研究工作的需要，测量出了固体氦的热传导度，但他测出的结果，比过去理论上计算出的数字高出500倍。

福尔顿大吃一惊："这差距也太大了！"

该不该把这一结果公之于世呢？福尔顿想，如果将它公之于世，有可能引起科学界的轰动，但也可能会被人认为是标新立异、哗众取宠，以致招来一大堆怀疑、非议和指责。想来想去，福尔顿迟疑了——算了吧，何必自己去招惹那么多麻烦呢？于是，他把他的这一研究成果放在了一边。

可没过多久，一位年轻的美国科学家，在实验时也测出了固体氦的热传导度，而且和福尔顿测出的结果一模一样，丝毫不差。一阵惊喜过后，这位年轻的科学家，采取和福尔顿截然相反的态度，很快将它公之于世，并马上引起了科学界的广泛关注和赞誉。更为可贵的是，这位科学家并没有就此止步，而是继续推陈出新，创造出一种全新的测量热传导度的方法。

听说此事后，福尔顿痛心疾首，追悔莫及。他慨叹道："如果我当时除去'习惯'的帽子，打破思维定式，那个年轻人绝不可能抢走我的荣誉。"

对于福尔顿来说，这显然是一个悲剧。当福尔顿发现固体氦的热传导度的时候，如果他能够突破思维定式——人们会认为他哗众取宠，遭来非议，那么也许他会取得新的科学研究的高峰，但是他被自己的思维困住了，不敢坚持己见，反而让年轻科学家占了先机。因此，家长在帮助孩子摆脱思维定式的时候，一定要让孩子敢于坚持己见，学会独立思考，不要盲目从众，畏首畏尾。

锻炼孩子思维的系统性

无论是生活还是学习，孩子的大脑无时无刻不在进行着思维活动。通过各类感官接触的导人，孩子的大脑在进行着判断、推理、演绎，从而要么得出或深或浅、或对或错的结论，要么暂时得不到任何结论。在思维的过程中，系统性十分重要。

所谓思维的系统性，指的是善于抓住问题的各个方面，又不忽视其重要细节的思维品质。

稻田里一片金黄，稻浪随风起伏，一派丰收景象。令人奇怪的是，就在这片稻浪中，有一块地的水稻稀稀落落，黄矮瘦小，与大片齐刷刷的、金灿灿的稻田形成鲜明的对照。

这是怎么回事呢？

原来这块面积为 2.5 亩的田块普遍被挖去一尺深的表土，卖给了砖瓦厂。田块主人得了 1000 元。由于表面熟土被挖，有机质含量锐减，今年春上的麦苗长得像锈钉，夏熟麦子收成每亩还不到 150 斤。水稻栽上后，尽管下足了基肥，施足了化肥，可是水稻长势仍不见好。

有人给他算了一笔账，夏熟麦子少收 1000 多斤，损失 400 元，而秋熟大减产已成定局，损失更大。今后即使加倍施用有机肥，要想这块地恢复元气，至少需要五年时间，经济损失至少在两万元以上。这么一算，这位中年庄稼汉叫苦不迭，后悔地说："早知道这样，当初真不应该赚这钱。"

这个农民错在哪里？错在思维缺乏系统性上！他缺乏整体思维的素养，只顾部分，不顾全体，只顾一时得利，不顾长远利益，破坏了生态平衡，违背了自然规律，受到了惩罚。

如果说大脑是一个庞大的图书馆，那么系统性思维就是它所有图书的目录、分类。系统思维，可以使一个人变得非常理智，而且统筹能力及预见能力会得到很大的提高。但如果一个人缺乏系统性思维，那么他将会像上面故事中的农民一样后悔不迭。

那么，系统性思维对于孩子来说，又有什么作用呢？对于六年级的孩子来说，系统思维能力是不可或缺的。六年级是孩子学业的关键时期，如果孩子能够站在系统的高度学习知识，注重知识的整体结构，经常进行知识总结，寻找新旧知识的联系与区别，挖掘共性，分离个性，在比较中学习新知识，那么就更容易提炼知识，领悟其关键、核心和本质。在生活中，思维的系统性也十分重要。比如，孩子每天七点钟起床，有的孩子有条不紊地刷牙、洗脸、检查书包，有的孩子则"想一出是一出"，刷牙的时候想着要检查书包，结果着急慌忙地检查书包，却忘记了洗脸……这都是缺乏思维系统性的表现。

那么，如何锻炼孩子思维的系统性呢？

防止分割思考，注意整体思考

家长在日常生活中，如果要解决某一问题，不妨和孩子一起思考，同时帮助孩子分析问题，从整体来解决。比如，家里要装修房子，既要美观，又要环保，还要功能性比较强，那么在选择家具的时候，不妨和孩子一起商量，从整体来分析，寻找最合适的装修方案。

防止静止思考，注意动态思考

在遇到问题的时候，家长要让孩子学会动态思考。

1945年，美国一家小工厂的厂长威尔逊看到蓬勃发展的各类信息活动、信息事业需要有新的技术设备为它服务，便研制出了新型的干式复印机。以往的湿式复印机在复印的时候需要涂上一种液体材料，而且还必须使用特殊的涂有感光材料的复印纸，操作起来十分不方便。干式复印机在三四秒钟内就能复印出清晰的文稿来。

威尔逊就此申请了专利，并成立了塞罗克斯公司进行批量生产。威尔逊把这种成本只需要2400美元的复印机定价为29500美元，高出成本11倍以上，其利润超出了当时美国法律所允许的范围，美国有关部门认为其标价过高，不准销售。同时，有许多人指责威尔逊贪得无厌，认为其产品被禁销罪有应得。

其实威尔逊是一位颇能深谋远虑的企业家。他明知标价超过成本的11倍以上是会被禁止出售的，可他原定的目标就不是出售，而是出租和提供复印服务。出租复印机和提供复印服务在当时是没有先例的，威尔逊担心获准会很困难，所以才采取了故意将售价定得过高、以进为退的做法。当他的复印机因定价太高被禁止出售后，经营租赁和提供复印方面的服务便很快得到批准并合法化。

由于他的新式复印机在当时是最先进的，复印效果也最好，以他投入的资金来计算，他开展租赁业务和提供服务所获得的利润，超过了他将复印机出售所获得利润的几十倍。到了20世纪60年代初，干式复印机终于以威尔逊所订的高价在各地畅销。

威尔逊就是一个动态思考的正面示例，他的目标在于租赁，但怕租赁得不到批准，所以佯装要出售，定了极高的价格。当出售的价格被驳回后，租赁的要求就很容易被批准了。他的思考方式是动态的，不是直线的，静止的，所以使自己的目标得以达成。家长在遇到问题的时候，不妨“请教”一下孩子，引导孩子动态地看待问题。

培养孩子逆向思维的能力

逆向思维也叫求异思维，它是对司空见惯的似乎已成定论的事物或观点反过来思考的一种思维方式。敢于“反其道而思之”，让思维向对立面的方向发展，从问题的相反面深入地进行探索，树立新思想，创立新形象。

一般来说，人们总习惯于沿着事物发展的正方向去思考问题并寻求解决办法。其实，对于某些问题，尤其是一些特殊问题，从结论往回推，倒过来思考，从求解回到已知条件，反过去想或许会使问题简单化，使解决它变得轻而易举，甚至因此而有所发现，创造出惊天动地的奇迹来，这就是逆向思维和它的魅力。

有一天，司马光跟小伙伴们在后院里玩耍。院子里有一口大水缸，有个小孩爬到缸沿上玩，一不小心掉到缸里。缸大水深，眼看那孩子快要没顶了。别的孩子们一见出了事，吓得边哭边喊，跑到外面向大人求救。司马光却急中生智，从地上捡起一块大石头，使劲向水缸砸去，“砰”！水缸破了，缸里的水流了出来，被淹在水里的小孩也得救了。

小小的司马光遇事沉着冷静，从小就是一副小大人模样。这就是流传至今的“司马光砸缸”的故事。

有人落水，常规的思维模式是“救人离水”，而司马光面对紧急险情，运用了逆向思维，果断地用石头把缸砸破，“让水离人”，救了小伙伴性命。

与常规思维不同，逆向思维是反过来思考问题，是用绝大多数人没有想到的思维方式去思考问题。运用逆向思维去思考和处理问题，实际上就是以“出奇”去达到“制胜”。因此，逆向思维的结果常常会令人大吃一惊，喜出望外，别有所得。

那么，在日常生活中，家长怎样培养孩子逆向思维的能力呢？

让孩子改编故事

家长可以选择一些经典的童话或者寓言故事，引导孩子从另一个角度重新构想、改编。这样可以很好地让孩子意识到，许多事物具有不同的方面，有助于孩子克服单向思维，提高思维水平。

让孩子参与逆向思维的游戏

不要以为游戏是小孩子才玩的，其实六年级的孩子一样有适合他们的游戏，尤其是思维游戏，家长应该带领孩子多多参与。

下面列举几个培养孩子逆向思维的游戏，供家长参考。

镜子里的时钟。家长要事先自制一个可以拨动时针和分针的时钟，并准备一面镜子。让孩子看着镜子，家长拿着自制的时钟站在他的身后，并拨动时针和分针，让孩子看着镜子里时钟的影像，说出是几点钟。六年级的孩子早就知道镜子里的景象与实景是相反的，通过一次次认读时间，逆向思维会得到很好的锻炼。

扑克猜数。家长准备好1～9的牌两套（共18张）。先请孩子把牌洗好，然后家长任意抽去一张，藏起来，并将余下的牌摊开，让孩子猜一猜藏起来的是哪张牌。这个游戏可以很好地发展孩子的逆向思维及思维的流畅性、敏捷性。

扫雷游戏。六年级的孩子大都有初级运用电脑的能力，电脑里有一款经典简单的游戏——扫雷，可以很好地锻炼孩子的逆向思维。家长可以向孩子解释清楚游戏的玩法，然后让孩子挑战一下！

孩子的成长离不开反省思维

中国古代的学者曾子说："吾日三省吾身，为人谋而不忠乎，与朋友交而不信乎，传不习乎。"每个人在做事的时候都要展开反省思维，持有自我修正的态度。一个善于反省的人，往往能够发现自己的优点和缺点，并能够扬长避短，发挥自己的最大潜能；而一个不善于自我反省的人，则会一次又一次地犯同样的错误，不能很好地发挥自己的能力。

胡适很小的时候，父亲就不幸病逝了，从此，母亲就担当起教育子女的重任。胡适的父亲生前经常教妻子冯顺弟读儒家的书，冯顺弟受丈夫的影响很深，她将丈夫的教诲牢牢记在了心中。通过学习，她深谙反省对于一个人的重要性，所以在教子的时候，特别注意培养胡适的反省思维。

她记得丈夫教过她曾子的名句"吾日三省吾身，为人谋而不忠乎，与朋友交而不信乎，传不习乎"。她对这句话印象非常深刻，就拿来勉励、鞭策儿子胡适。

每天临睡之前，胡母便坐在床沿上，叫儿子站在床前搁脚板上，让儿子学着古人的做法来"三省吾身"——今日做错了什么事，说错了什么话，该完成的学习任务是否完成等等。

胡母在督促儿子“三省”之后，又对儿子细细讲述他父亲生前的种种好处，说：“你总要跟得上你父亲的脚步，他是一个完全的好人。你要学他，不要给他丢脸。”一次说着说着，母亲动了感情，想起养育儿子的艰难，还有丈夫生前的好处，不觉眼圈都红了起来，几乎掉下泪来。

小胡适看见母亲这样伤心，拉着母亲的手，不知道该说什么来安慰她。这一刻，他深深地体会到母亲的辛苦，在心里暗暗下定决心，要好好听母亲的话，求知上进，给父亲也给母亲争口气。

有一个对自己严格要求的母亲，是胡适的福气。一个人之所以能够不断地进步，在于他能够不断地自我反省，找到自己的缺点或者做得不好的地方，然后不断改正，以追求完美的态度去做事，从而取得一个又一个的成功。对于孩子来说，学会反省的思维方式是成长的一个秘诀。一个不会反省的孩子永远也长不大。

培养孩子的反省思维，家长不妨参考以下几点。

不直接对孩子的错误横加指责

当孩子做错事时，家长不要一味给予斥责，这样易引起孩子的反感，对家长产生抵触情绪，使孩子智力的发展受到限制。这时，家长可采用冷静的态度，从侧面引导孩子进行反省，明辨自己的过失。

让孩子自己承担犯错的后果

孩子做错了事，许多家长常常替孩子去承担犯错的后果，使孩子觉得做错了也没关系，丧失责任心，不利于培养其反省的能力，使他以后容易再犯类似的错误。所以，家长应该让孩子自己去承担犯错的后果，让孩子明白，一旦犯错，将会造成不良甚至严重的后果。

重视负面道德情感的良好效应

给孩子灌输正直、善良、勇敢等正面道德情感，可塑造其美好的心灵，而让孩子体验羞愧、内疚等负面道德情感也会使其受益匪浅，而且羞愧、内疚等负面道德情感与正面情感相比，更能在孩子的心中留下深刻的记忆，促使他不断反省，区分好坏、是非、对错和美丑，改正错误。

让孩子学会接受批评

每一个人包括每一个孩子都喜欢受到表扬，而不喜欢受到批评。但是，一个人却应该只有接受批评之后，才会开始反省。因此，父母应该让孩子在小时候就学会接受批评，这不仅能够塑造孩子完整的人格，而且可以帮助孩子在其他方面取得成功。

让孩子学会总结经验教训

总结经验教训可以帮助孩子进行反省，例如，一个孩子用打架来解决与同学之间的矛盾，如果他在打架上吃了亏，他会想："上次我感到生气的时候是用打架来表达我的愤怒的，结果我被别人打了，那么下次发生这样的情况时，我该怎么办呢？我不用打架可以吗？是不是有更好的解决方法呢？"如果孩子经常会总结经验和教训，那么他就很容易明白反省的意义，掌握反省的技巧，这对他的人生会有很大的帮助。

第六章

六年级，孩子健康心态的形成期

让责任感与孩子的成长同行

列夫·托尔斯泰说过："一个人若是没有热情，他将一事无成，而热情的基点正是责任感。"责任感是一个人对他所承担的任务的自觉态度，包括对自己的责任、对他人的责任、对集体的责任和对社会的责任。一个对自己有责任感的孩子，自觉水平高，让家长省心；一个对他人有责任感的孩子，亲善行为多，让家长宽心；一个对集体和社会有责任感的孩子，人小志气大，让家长放心。因此，有责任感的孩子表现出很多优点：自觉、自爱、自立、自强……责任感不像知识、技能和能力那样明晰可见，但它是能力发展的催化剂。然而，现实生活中有很多孩子缺乏责任感，遇事习惯推卸责任。

"妈妈，我想我不能回家吃午饭了，外面快下雨了，姑姑家的伞一把坏了，一把被姑父拿走了，我又没有带伞……"姚晨在电话里说，"这事儿都怪你，干吗早晨不坚持让我带上伞，现在我只能等雨停之后再回家了！"

姚晨的妈妈一时脑子有点转不过弯来，她放下电话后，不禁自言自语："这事儿怪我？"

回想起早晨，姚晨临走前，妈妈忽然想起早晨的天气预报，于是赶紧拿出伞让儿子带上，姚晨却笑道："妈妈呀，外边阳光那么明媚，我又不拄拐杖，带什么伞呀，妈妈，再见……"说完便一溜烟地跑了！现在，儿子居然把责任推卸、转嫁到别人的头上！

姚晨的妈妈是一位教师，从教多年的她深知那些习惯于寻找借口的孩子大都对生活以及学习缺乏突破的勇气，容易躲在自己越来越收缩的狭窄空间里，为自己的能力和经验不足而造成的失误寻找看似合理的借口，借以自我安慰。她准备一会儿儿子回来以后，一定要好好和他谈一谈，她必须让儿子明白：找来许多"理由充分"的借口，转嫁到他人身上，企图掩饰自己的行为过失或者为自己的行为过失开脱，其实是一种很糟糕的、不负责任的表现。

现在的孩子绝大多数是独生子女，生活条件优越。他们往往以自我为中心，对父母、对他人、对社会要求高而多，对自己要求低而少。日常生活中类似于上面故事中的"都怪你……"现象层出不穷。在对孩子责任心教育方面，以下有几条建议。

让孩子学会自己的事自己做

许多父母把无限的爱都倾注到了孩子身上，对孩子的关怀可以说是无微不至，让孩子过着衣来伸手、饭来张口、养尊处优的生活，本来是他们应该自己做的事情全都由家长代劳了，应该自己负的责任全都由家长承担了。因此，培养孩子的责任心首先就要求家长放弃对孩子的溺爱，让孩子去做一些他力所能及的事情，让孩子去为自己多承担一些责任。

树立孩子的责任意识

责任感是做人成才的基础，家长要利用一切机会向孩子灌输责任的重要性。比如，可以通过读书、讨论等多种形式，用古今中外有关责任的故事，让孩子从小树立责任的意识。例如："身无分文、心忧天下"的毛泽东，"为中华之崛起而读书"的周恩来。这些生动具体的事例，都能给孩子冲击和震撼，帮助他们树立责任意识。

运用自然后果惩罚法

在日常生活中，当孩子出现一些不负责任的行为时，常常会伴随着产生一些不良后果。有一个真实的故事：女孩的妈妈明明知道女儿没有带文具盒却不告诉她，结果女孩因上午没法做作业受到老师的批评，"我只是想让孩子明白，上学记得带文具盒是做学生的责任，如果没有尽到责任就应该受到惩罚。"女孩的妈妈说。这就是所谓的"自然后果惩罚法"，是通过让孩子承担由于自身不负责任行为所产生的不良后果，让孩子感受到自己不负责任的行为对自己和他人所造成的严重影响，认识并体会到责任的重要性，从而树立责任意识。

树立榜样，让孩子形成责任感

孩子具有强烈的模仿倾向，家长不仅是他们的支持者、引导者、合作者，也是他们直接模仿学习的榜样，家长的言行往往对孩子产生直接或间接的影响。因此，在教育孩子的过程中，家长必须严格要求自己，使自己的言行保持一致。在日常生活中，家长要教育孩子关心家人、帮助邻里、爱护财物等。这样，孩子在成人潜移默化的影响下，会不知不觉地形成强烈的责任感。

多鼓励、表扬、少指责、批评

孩子的责任感的形成是一个渐进的过程，需要日积月累。另外，因为孩子毕竟才小学六年级，自制力还不强，好奇心较重，注意力容易分散，这些特点往往会妨碍他有责任感地完成某项任务。因此，家长当孩子完成一件事后，或者完成一件事的某个阶段后，给予孩子公正及时的评价，并善于用语言的教育艺术塑造孩子的责任心，如："我相信你还会把事情做完做好的"，使孩子相信自己有能力、有责任承担，只要努力去做就能做好。同时，家长还要教孩子今后还应该怎样做会更好，既使他看到自己潜在的能力，又看到不足之处，以帮助孩子养成积极、认真、严谨的生活习惯，学习习惯，培养孩子对自己言行负责的态度。

正确对待追星的孩子

小学六年级是孩子确定人生观，走向成熟的一个阶段。在20世纪五六十年代，方志敏、焦裕禄、雷锋等人的精神对那个时代的人产生了巨大的影响；而今天的孩子却疯狂地追逐歌星，把青春歌手当作崇拜的偶像。“追星”行为已经成为一个引起全社会广泛关注的褒贬不一的社会性问题。

“老公，你看到‘杨丽娟’的报道没有？哎呀，我真是担心女儿啊！她从小学五、六年级就开始迷周杰伦，现在是越演越烈，我一阻止她，她就说‘我欣赏他的音乐有什么不对’！老公，我真怕她和杨丽娟那样不能自拔啊！”罗雪的妈妈担忧地对自己的老公说。

前几年，无论是电视媒体、网络新闻，还是电台广播里，都铺天盖地地大肆报道兰州籍女子杨丽娟追星一事。杨丽娟自10岁开始迷上刘德华，疯狂追星10多年，誓要见刘一面。为了帮助女儿一圆心愿，其双亲不惜倾家荡产、债台高筑，甚至还想去卖肾。杨丽娟如愿见到刘德华并与之合影后，仍不满足。3月26日，杨父在香港跳海自杀，留下长达数页的遗书，控告刘德华的“狠心”，希望刘德华再见她女儿一面。承受丧夫之痛的杨母竟表示：虽然家破人亡，但仍要支持女儿的追星行为。

杨丽娟的追星悲剧让罗雪的妈妈为之一震，虽然她相信女儿是个有分寸的女孩，但是万一孩子干出些什么出格的事情怎么办啊？

罗雪的爸爸说："女儿应该不会演变到你担心的那个地步。放心，我明天会和她谈一谈的。"

罗雪的妈妈知道现在担心也没有用，只能在忐忑的心情中渐渐睡去。

现实生活中不乏这样的场景：在各种演出和比赛场地，有无数年轻人在为自己的偶像摇旗呐喊，如痴如醉；在校园里，同学们省吃俭用，用节省下来的零用钱买来心仪已久的明星画报、照片；在大街小巷，明星的着装打扮也永远是年轻人模仿的对象。孩子的追星行为，家长要合理处理。

细究孩子追星的原因

细究起来，孩子追星既有其深层的心理机制，又有其现实的各种原因。

第一，对明星、名人的追慕、崇拜是一种较为普遍的社会心理现象，在一定意义上，可以说，整个人类文明的发展史，便是对神和伟人崇拜的历史，这是孩子追星的社会原因。

第二，人类总是按一定的美好理想来设计自己的世界并为之奋斗，可是理想与现实总有一定的距离。所以人们在试图消除这种距离时，不断在上下求索，不断在超越自我。明星崇拜现象就根植于这样一个事实：大多数人都是有缺陷的，而明星在影视上确实是比较完美的，所以他们只能通过与明星建立最亲密的联系而象征性地完成对完美的追求与超越。孩子之所以关注明星生活的每一个细节，模仿他们的行为，就是为了建立这种关系。

第三，追慕、崇拜明星是孩子走向成熟、逐渐具有成人感的心理需求。在他们的世界观里，影视明星和歌星的“型”和“酷”就是他们所追求的成熟。

第四，学校、家庭和社会给予孩子的压力太大，学生的课业负担日益繁重，造成了孩子在紧张的学习之余不顾一切把精力投入到“追星”一族，作为缓解紧张心理的一种寄托。

用一分为二的观点看待追星

家长要端正认识，用一分为二的观点来看待这一现象。“追星”作为孩子中的一种流行文化，是伴随着经济腾飞一起发生的，它可以迅速满足孩子即刻的感官需求，给他们以现实的心理慰藉，确实具有调节情绪、沟通人际关系、引导文化消费等积极作用。但它同时又有其华而不实、急功近利的特点，显示出孩子对人生思索、对人类终极价值追求的迷惘、困惑、麻木和无所适从。它给人的往往是“吃饱了不饥”的片刻满足和“今朝有酒今朝醉”的短暂感受。所以，孩子适当的追星行为是一种娱乐、放松的方式，家长不应一刀切地谈“星”色变。如果孩子追星影响到了生活、学习或者工作，家长就一定要引起足够的重视，争取把孩子的追星行为控制在合理范围内。

帮助孩子明确应追之星

孩子的追星现象，在一定程度上表明他们正在寻找自己人生道路上的发展目标，而他们所崇拜的偶像正是他们追求的典范，是他们的思想和目标在外部的投射。

美国前总统克林顿十七岁时，因为一次偶然的机会见到了当时的美国总统肯尼迪。当肯尼迪亲切地握着他的手时，这位出身贫寒的十七岁的小男孩已经在心中树立了一个明确而坚定的目标：以肯尼迪为榜样，成为美国的总统！二十九年后，他终于走进了白宫。

从这里可以看到，“星”的影响力、感召力是十分巨大的，甚至可以产生难以估计的效果。几乎每一个青少年都渴望成功，成为令人瞩目的人。对偶像的崇拜可以激发他们发现自身的潜力，总结偶像成功的经验，有助于早日成材。所以，家长要引导孩子认识到那些科学家、宇航员、雷锋式的助人为乐、见义勇为者才是应追之星，帮助孩子明确应追之物，不要让孩子把同歌星见面、亲吻、拥抱、照相留念作为人生最高理想以及长期追求的生活目标，这是一种不健康、不明智的行为。

让孩子停止追星要循序渐进

任何行为从开始到停止都有一个过程，孩子追星也不例外，因此，家长切忌强迫孩子骤然间停止追星行为，最好的办法是参与到限制追星的活动中。如，陪孩子看一场演唱会，看完后建议孩子忘却此事，专心投入学习。另外，告诉孩子学习和娱乐要界限分明。这样做不仅容易得到孩子的好感，也容易取得预期效果。

步调要和孩子保持一致

对孩子所看的电视节目，所听的音乐，所玩的电脑游戏，所上的网站，家长要心里有数。只有这样，才可能知道孩子心里会在想着什么，才能帮助孩子客观理智地思考问题。家长不妨参与到孩子做的事中：看孩子看的节目，上孩子上的网站。这样就可以为与孩子讨论相关话题打下基础，这样大人的看法对孩子来说才更有说服力，也有利于与孩子沟通。

提高孩子的耐挫折能力

所谓挫折，是指人们为满足自己的某种需要，在追求达到特定目标的活动中，遇到了无法克服或自以为无法克服的障碍和干扰，使其需要无法被满足时所产生的紧张状态和消极的情绪反应。近年来，孩子“经不起挫折”的现象已经引起了全社会的广泛关注，尤其是六年级的孩子，升学压力比较大，经不起挫折会对他们终生的发展产生巨大的影响。

张文是带着兴奋的心情走进校门的。她所在的这所学校是一所县重点学校，父母原打算让她在镇上的小学读的，但她的舅舅是县城一家企业的厂长，看张文的学习成绩还不错，又马上要考初中，觉得进好学校更容易使她进步，于是把她接到城里来上了现在的学校。

没想到，进了这所学校后，张文的心情却一天天沉重起来。原来，一开学，张文的班主任就进行了一次摸底考试。分数公布后，张文傻了眼，自己虽然考了 81 分，却是班级倒数第 4 名。在以前的小学，她可是班里的学习尖子，经常排在前五名之内。后来虽经努力，但考试成绩总没有超过 30 名之前。她开始后悔到这所学校来上学。

舅舅因为工作忙和出差等原因，没有多少时间来过问她的学习情况，但当知道张文的成绩老是在班里处于差生位置时，对她进行了严厉的批评："来这所学校多不容易，你要抓紧用功，争取把成绩提高到中游以上。"

"我……我不想在这个学校读书了……"张文终于说出了自己盘算已久的想法，"我心里觉得根本没有什么希望达到中游的水平，我很不开心……"

舅舅哑然，不知道怎么教育这个外甥女。

"没有挫折就没有成长"，孩子在成长的过程中必然会遭受各种各样的挫折和失败，这种挫折和失败在给孩子带来巨大心理压力与情绪困扰的同时，也给孩子带来了成长的契机。作为家长，指导孩子正确处理失败和挫折是非常重要的。

强化耐受挫折的心理准备教育

现在的孩子往往对遭受挫折的心理准备不足或根本毫无准备。他们基本上是独生子女，平日是家人呵护的对象，缺乏应对挫折情境的锻炼和培养。因此，家长应该让孩子具备以下观点：挫折是任何人都不可避免的，具有普遍性、客观性；产生挫折的原因有外部原因，也有内部原因；挫折是令人不快的，但不快程度及其转化情况却是由自己控制的，应使各种挫折成为锻炼自己成长的摇篮。这样，孩子便能在头脑中储存挫折的信息和做好接受挫折的心理准备。

通过认识各种挫折进行耐挫折教育

六年级的孩子正处于成长发展阶段，家长可以利用报纸杂志刊载的、现实生活中的，甚至是身边发生的挫折事件，不失时机地进行挫折教育。这些挫折主要包括三类。

第一，自然环境挫折。大自然一旦大发淫威，人的力量就显得渺小无力；但如果此时人的耐挫力强，最终仍能实现“人定胜天”。家长可以组织孩子和家人讨论“假如洪水淹没了我的家……”等话题。

第二，社会环境挫折。由于社会条件的种种限制，人的某些需要和动机可能无法实现，但如果对此心理准备不足，也可能导致挫折。如家长可以在孩子参加学生会干部差额选举投票前先开展“假如我落选”的讨论，以防患于未然。

第三，个体需要挫折。当孩子遇到困难和挫折时，可开展相应的耐挫折教育的主题活动，让孩子懂得，动机与目标、能力与期望永远存在差距。这样，日积月累，潜移默化，孩子的耐挫折能力就会逐渐提高，从而做到宠辱不惊，成败坦然。

利用挫折体验进行耐挫折教育

许多研究表明，早年的挫折经验有助于成年后有效地适应环境，正所谓“逆境成才”。为此，家长可联合学校老师通过开展各种主题活动来为孩子创设受挫情境。这类活动形式颇多，如远足、野营、登山、军训等。家长还可以开展“今天我当家”、“怎样解决生活难题”等实践操作活动，以提高孩子的生存能力、自理能力。

注意利用榜样进行耐挫折教育

社会学习对孩子的成长是非常重要的，对于孩子来说，榜样的力量是无穷的。如因遭受失学挫折而奋发成才的爱迪生、华罗庚，战胜病残而卓有成就的海伦·凯勒、张海迪等。这些优秀人物的事迹都会给孩子带来鼓舞的力量。

孩子遭遇挫折后的引导和教育

挫折是不可避免的，但也是可以改变的，家长应给予受挫孩子以必要的引导和教育。

第一，要孩子敢于正视现实，承认现实。在孩子遇到挫折时，家长要以实事求是的态度帮助孩子认识现实，承认现实，应要求孩子多考虑主观因素，不要过多地强调客观原因，更要注意纠正孩子“自我感觉良好”的不承认主义态度。

第二，帮助孩子下定决心，想办法摆脱困境。家长应帮助孩子下定决心，想办法摆脱困境，这一点是十分重要的，是解决问题的关键。要让孩子把眼前的不幸或挫折，当成考验自己、磨炼自己、锻炼自己的大好机会。家长应教育孩子，在失败和挫折面前，要做一个强者。

第三，用补偿的方法战胜挫折。由于主客观条件的限制与阻碍，使孩子的目标无法实现时，父母可以教育孩子采取补偿法来达到目的。如以新的目标代替原有的目标，以现在的成功体验去弥补原有失败的痛苦。这就是人们常说的“失之东隅，收之桑榆”。

第四，用升华法来战胜挫折。孩子遇到挫折后，父母可教育他将自己不为社会所认可的动机或行为转变为符合社会期望的动机或行为，或者将低层次的目标追求引导到更高的目标追求之上。升华一方面转移或实现了原有的情感，使心理获得平衡，另一方面创造了积极的价值。

科学疏导孩子的逆反心理

逆反心理是人们在待人接物的过程中所持的一种心态，指当个体认知到当前事件、情境的要求与自己的信念、经验、思维习惯等不一致时，所产生的与常理相背离的情绪、行为或行为意象。六年级的孩子正处于心理逆反期，很多家长会感觉到孩子不再听话，开始阳奉阴违，甚至会出现和家长顶嘴、吵架的情况。

高飞刚上六年级，爸爸妈妈对他寄予了很大的期望，这从名字就能看出来——他们希望儿子在未来能够展翅高飞，做一个有出息的人。

这天晚上，高飞正在看韩寒的《三重门》，边看边喝彩，高飞的爸爸奇怪儿子今天怎么这么激动，因为平日里他看书总是悄无声息的。于是，爸爸便问高飞："有什么值得喝彩的？说出来让爸爸见识见识！"

高飞便把韩寒那种叛逆精神讲给了爸爸听，却不想爸爸听后不以为然，有点不高兴地说："以后不要再看这样的书了，这会影响你学习的积极性，你还是好好上你的课吧，这样将来才会有出息。"

"韩寒的学习不好，可是你看他现在多有出息啊！做自己喜爱的工作，还玩赛车，这也是我向往的生活！"高飞接过话茬，兴奋地说。

"韩寒这样的是极少数，你看看有几个有出息的人是韩寒这样的啊？

别学他的什么叛逆精神，对你一点好处都没有！”爸爸严厉地说。

“跟你也说不明白，反正我就爱看他写的文章！再说了，将来有没有出息是我自己的事，你们别管我！”说完，高飞走进了自己的房间，继续看《三重门》去了，留下一脸愕然的爸爸独自在客厅坐着。

当孩子开始逆反，和家长对着干的时候，家长应该怎么办？如果对孩子的逆反心理与逆反行为听之任之，可能阻碍他的社会化，甚至不良的人格；反之，如果对其粗暴制止或强行压制，则会加剧孩子的逆反心理，将他们推向另一个极端。那么，如何科学地疏导孩子的逆反心理呢？

找到孩子逆反的原因

孩子逆反心理的产生，其原因是多方面的。心理学专家把形成孩子逆反心理的诸多因素归纳为主观因素和客观因素两大方面。

第一，主观因素方面。从主观因素来说，六年级的孩子爱逆反，首先是和其特定时期特殊的生理和心理发展紧密联系在一起的。由于大脑的发育日渐成熟并趋于健全，孩子的脑机能越来越发达，思维的判断、分析的能力越来越强，思维范围也越来越广泛和丰富，这就为逆反心理的产生提供了心理基础和可能。但由于阅历和经验的不足，其认识是不坚定的和易动摇的，思维虽然具有独立性、批判性，但由于其认知事物和问题时的偏差太大而出现认识上的片面、偏激、固执和极端化，对大人的一些正常教育往往不是与之同向思维而是从对立面去思考，把老师的劝说、要求、批评，把家长的指点、提醒、督促等看成是“管”、“卡”、“压”，是与自己过不去，是对自己自尊心的伤害，进而把自己放在施教者的对立面，从而产生逆反心理和行为。

第二，客观因素方面。从客观因素来说，导致孩子产生逆反心理的原因有四点。

首先，家庭不良因素的影响。一些家庭中不良的教育方式，直接影响着孩子逆反心理的形成。例如，家长惯用的简单粗暴或命令式、专断式等教育方法，以及在生活、学习等方面期望值过高，要求过严等，这些都无形地在孩子心理上造成一种压力。当这种压力不断积蓄、沉淀，孩子又找不到良策排解时，便在情感上对家长所进行的一系列教育、说教、劝说产生抵触，在情绪上不满，进而产生逆反心理。

其次，学校不良因素的影响。学校是孩子成长和社会化的主要环境，学校不良因素的作用也是孩子逆反心理形成的又一因素，而且是主要因素。部分老师的不恰当言行，在施教过程中让孩子觉得不被尊重，进而产生排斥，逐渐地让孩子在情感上与老师对立甚至背离，并反其道而行之。

再次，同辈群体不良因素的影响。在孩子的同辈中，不仅有共同的心理感受和需求，而且都有相近的爱好、兴趣和共同的行为倾向，他们之间相互容易认同，最能达到或造成相互转化与感染。因此，孩子逆反心理的形成原因中，同辈群体的影响是不可忽视的。

最后，孩子的好奇心、求知欲得不到满足。人生的两个反抗期，第一个是在三岁左右，第二个是孩子十来岁。这两个反抗期均是自我意识迅速发展的阶段，这时，孩子们对外界充满着好奇心，求知欲旺盛。然而，许多家长却对孩子的行为难以理解，有的表现为冷漠、置之不理；有的家长对孩子的行为加以制止，甚至给予处罚，这都会使孩子感到压抑，从而以反抗来回应家长。

用同理心疏导孩子的逆反

父母疏导孩子最重要的技巧就是同理心，也称同感，是指站在孩子的角度看问题，尽力感受孩子体验到的情感。按照心理学家罗杰斯的看法："感受来访者的私人世界，就好像那是你自己的世界一样，但又绝未失去'好像'这一品质——这就是同理心。"同理心并不是要求家长有跟逆反心理孩子一样的逆反心理或言行，而是要求家长设身处地地考虑孩子所遇到的问题，体会孩子的心理感受。如果家长不能了解并理解孩子，就根本不可能正确对待孩子的逆反心理。

适当进行自我表露

家长可以在孩子跟前承认自己也曾有过偏执、怨恨或古怪的言行，有意识地自我表露，这样可以拉近与孩子的心理距离。当孩子觉得自己不能被人理解时，家长可以适当地透露自己也曾有过类似的感受或体验。这样有助于有逆反心理的孩子解除心理防线，共同找到解决问题的办法。

改变不恰当的教育方式

面对处于“逆反期”的孩子，父母应当审视自己是否有一些不恰当的教育方式，比如“专断”、“粗暴”等。孩子们不会无缘无故与家长作对，有时候，父母的一点点改变，会带来很好的效果。另外，家长还要多观察孩子任课老师的教育方式是否给孩子的心理带来了负面影响，如果有这种情况，一定要与老师及时沟通，婉转地提醒老师进行一些改变。

关注孩子身边的伙伴

孩子的身边总有自己的一群伙伴，俗话说，近朱者赤，近墨者黑，同辈群体的影响对孩子来说是非常大的，所以家长一定要关注孩子身边的伙伴。有机会的话，家长可以介绍孩子认识一些开朗活泼、善解人意的伙伴，在潜移默化中让孩子的逆反性格有所转变。

引导孩子正确地"叛逆"

家长一定要明确一点，叛逆不一定全是错的。

井户出生于日本静冈县山坳中一个贫寒的家庭。父亲是位雇工，靠帮人采伐木材挣得的微薄收入，勉强支撑着一家人的生计。母亲也只是做临时雇工，收入非常低。他们希望井户能够赶快找一份安稳的工作，挣一定的工资贴补家用。井户有自己的理想，他虽然理解父母的意愿，但他觉得，如果要实现理想，就一定要有知识，要坚持上学。母亲怪他不懂事，可少年井户仍旧坚持己见。

初中毕业后，他决定去滨松市工作。为此，他又与父母发生了激烈的争执，因为父母不希望他离家工作，认为在本地找一份工作能够维持生计就很不错了。井户却认为如果留在本地，实现不了他的理想。于是他又一次叛逆，坚持走自己的路，毅然离开了家。他选择了自己的人生道路，正是由于坚持自己的选择，井户才由一个穷小子变成了亿万富翁。

没有"叛逆"精神，井户不会走向成功，他的每一次叛逆都是有道理的，都是为了理想而实事求是地做出的选择。所以，叛逆不一定完全是不好的，如果孩子叛逆得"有道理"，那么不妨给孩子一些空间，让他们去追求自己想要的东西。

正确引导贪玩的孩子

相信许多家长都为这样的现象伤过神：孩子整天贪玩，对学习毫无兴趣，不能自觉学习，即使是在有监督的情况下，也总是心不在焉左顾右盼。面对这样的孩子，很多家长只能摇头叹息，不知道怎样帮助孩子改掉这个坏习惯。

江海上六年级，他知道自己正是学习的关键时期，马上要考初中，不应该老想着玩，可是他总控制不住自己。

星期天，他正在温习英语，可没看十分钟书，院子外小花狗的汪汪声让江海没了学习的心思。江海养了一只小花狗，每天放学回家，小花狗是第一位迎接他的好朋友，它很听江海的话，又懂事，从不弄坏东西，大小便都知道自己去卫生间。江海有什么心里话，常对它说。可是，由于毕业考试的日子越来越近，父亲怕小花狗影响江海的学习，就把它牵到同一个小区的奶奶家。本来在考试之前，爸爸妈妈是不允许小花狗回来的，由于江海的再三要求，爸爸妈妈同意，如果江海能够在学习时间不分散注意力，可以在周六、周日，让小花狗回来。

这天，可能是小花狗看见了江海，所以叫得特别欢，江海虽然答应过爸爸妈妈不影响学习，可是这次他管不住自己了，偷偷离开了书房，来到了院子外和小花狗一起嬉戏。

“坐下！”

“跳！”

“今天练算术，1+1 等于几？”

“你在干吗？”父亲在厨房瞥见了江海，生气地问道，“不是说好学习的时间不能和小花狗一起玩的吗？”

“我……我也不知道怎么回事……我就是管不住自己……”

“我看我还是把小花狗送走吧！你这样也不是第一次了！”父亲气呼呼地把小花狗带走了。

面对贪玩的、总也管不住自己的孩子，家长应该怎么办呢？

找到孩子贪玩的原因

孩子贪玩有两方面原因。

第一，家长管教过严。家长不让孩子玩儿，从客观上能够理解：绝大多数家长不懂得青少年的身心发展规律，尤其是不懂得青少年在六年级的时候学习是重要的职责、玩儿是他们的天性这二者之间的辩证关系。很多家长主观地认为，孩子学习的课程紧，内容多，应该是没有时间再去玩儿了。再则，家长迫切地盼望自己子女成才，所以在一些家长的眼里，当看到孩子在学习的时候，认为是理所应当的，一看到孩子在玩儿，立即脾气发作，轻则训斥，重则打骂。这样管教过严容易让孩子产生逆反心理，反而破罐破摔，更加“管不住”。

第二，孩子自控力差。六年级的孩子正是身心发育、成长的高峰期。在这一时期，随着知识面的拓宽，视野开阔，来自各方面的信息不断增加，孩子们玩的内容丰富了，玩的方式也多种多样，贪玩的欲望也比小的时候更加强烈。孩子的玩耍除了参加一些一般的文体活动、人际交往活动之外，有时候是与其知识增长、兴趣、爱好有关；有时为了证实或实践一下自己的想法；有时出于好奇和对生活中一些技能的探讨；

还有的时候是自己偶尔发现了什么，于是就动手去试试……

帮助孩子改掉贪玩的坏习惯

现实生活中，家长怎样帮助孩子改掉贪玩的坏习惯呢？

第一，不让孩子贪玩不等于不许孩子玩。家长教育子女不要贪玩是对的，但是不贪玩，不等于限制孩子不许玩。家长应该根据孩子的特点，鼓励孩子的兴趣，引导孩子发展特长，让孩子高高兴兴地学习，在玩中乐，在乐中学，这样孩子学起来，才会越学越爱学。

第二，把“玩”与“学习”进行科学规划。家长应该尊重孩子玩的天性，让孩子玩得理智，玩得开心，但这不是说孩子在任何时间内都该想着玩，家长应该和孩子一起规划一下怎样学习、什么时间学习，怎样玩耍、玩些什么、什么时间去玩。把学与玩划分开，学习的时间专心致志地学；玩的时间，根据孩子的爱好、兴趣，玩得高高兴兴。玩到一定的时间，该停时就立刻停止，不能在学习的时候也想着玩，更不能玩起来忘了学习。

第三，激活孩子性格的有利因素。孩子贪玩可能跟他外向、好奇的性格有关，有些孩子无论家长怎样努力，都不可能变成一个“两耳不闻窗外事”的人。因此，如何“激活”有利的因素来“弱化”不利的性格因素就变得至关重要了。家长可以激活孩子贪玩性格的有利因素，比如活泼、行动力强，发挥孩子关心他人，热心公众事务的能力，让孩子玩得有意义。

第四，给孩子寻找榜样。家长可以运用榜样的力量帮助孩子改掉贪玩的坏习惯。首先，父母当然是孩子最好的榜样。家长要使孩子热爱学习不贪玩，自己必须勤于读书，努力在家庭中营造良好的学习氛围。如果父母整天沉迷于麻将、电视、跳舞、应酬中无可自拔，那么要想孩子“出淤泥而不染”是不可能的。其次，家长可以给孩子找一个爱学习的好伙伴。同龄人之间的影响是极为重要的。大部分的孩子仿效性极强，只要有一个好的榜样在身边，孩子就会产生希望变好的内在动力，逐渐改掉贪玩的坏习惯。这种同伴的力量有时甚至比家长的说教、打骂更有功效。

帮助孩子摆脱暴躁的脾气

孩子的脾气各有不同，大多数孩子的脾气是后天形成的。他们有的温顺乖巧，有的暴躁易怒，有的不经常暴露出自己的脾气，有的发脾气是家常便饭……面对暴躁的孩子，很多父母都非常头疼，有些父母甚至伤心地发现，自己对孩子越是百般照顾、百般迁就，孩子就越是情绪反常。

管鹏现在正在上六年级，他所在的班级学习积极性不高，纪律也十分差。可能是管鹏长得比较高大吧，班主任任命他当班长，希望能使班上的情况有所改善。

刚开始时，管鹏的确比较有威信，可渐渐地同学们开始对管鹏不满。缘由就是他经常发脾气，这种情况在上个星期所发生的一件事之后更是如此。

那天上自习时，班上有一男生讲话一直讲个不停，管鹏叫他别讲了，没想到他说："你一个班长有什么了不起的啊！"说完又继续讲话。管鹏一时火冒三丈，冲过去立马给了他一个耳光。

"你凭什么打我！"那个同学腾地站起来，不服气地说。

"打的就是你，怎样！"管鹏的脾气也上来了。

结果自然是两个人打成一团。

事后，班主任批评管鹏工作方法不当；同学们也纷纷说管鹏脾气太暴躁了，并且离他越来越远了。一方面，管鹏感觉很委屈，他这样做的目的还不是为了把班上的纪律管好；另一方面，管鹏也很难过，自己的脾气怎么这样大，他真的不希望和同学间的关系这么糟。

管鹏不知道自己该怎么办……

孩子为什么动辄缺乏耐性、脾气急躁，不能和颜悦色地与人交流？面对家中的这个“火药筒”，父母到底应该怎么办呢？

找到孩子脾气暴燥的原因

心理学家认为，引起孩子暴躁的原因主要有两点。

第一，心境焦虑障碍。孩子自身的性格或一些外界的原因，使孩子经常处于一种激动、易怒、任性、暴躁、疲惫不堪的心境，长期处于这种心理状态将会严重危害一个人的应变能力和处理问题的能力。而遭受这种心理状态折磨的孩子，即使遇到一些极其微不足道的小问题和情况，也会像如临大敌一样。以故事中的管鹏为例，由于他内心非常想管好班级的纪律，但是同学们不太合作，就导致了他经常处于易怒、暴躁、疲惫的心境，长期下来，遇到同学的一小点“刺痛”，管鹏就控制不住大打出手了。

第二，感觉综合失调。中枢神经系统不仅帮助人们分类整理思路，还帮助人们对来自外界环境中的各种信息进行筛选、分类，并做出相应的反应。换句话说，即对外界信息进行综合处理。正常的孩子在成长过程中，其对外部感知的辨别能力和控制自己肌肉运动的能力迅速发展。但这在有些孩子身上则发展得不够快，简单地说，感知能力正常的孩子认为没有必要发脾气，而感知能力发展不到位的孩子则可能会在反应过激和反应迟钝之间摇摆不定。

帮助孩子尽快摆脱暴躁的脾气

家长应该如何帮助孩子尽快摆脱暴躁的脾气呢？

第一，教会孩子自制。父母要教育、引导孩子，遇事善于自我克制，运用理智有意识地降低外界刺激在大脑中引起的兴奋程度，防止过分冲动的言行。自制的办法有很多，可以用语言做自我暗示，默念："息怒"、"不要发火"、"保持冷静和镇定"；也可以做一些动作。据说，俄国作家屠格涅夫每逢想发怒时，就用舌头在嘴里转几圈，十分有效。

第二，巧用转移刺激法。转移刺激法是一种积极的制怒方法，是人在发怒时，积极主动地接受另一种刺激以息怒的方法。比如，当孩子遇到一件不开心的事时，越想越生气，这是因为那个让孩子生气的兴奋点是大脑中唯一的一个较强的兴奋点，孩子的注意力全集中在这里了，当然会钻牛角尖。但如果让他突然注意到另外一件事，此时，引起他发怒的兴奋点就会受到抑制，怒气即使当时不是立即消除，起码也会得到一定的缓解。这就叫做转移刺激法。

第三，让孩子达观地对待不同意见。其实，引起孩子愤怒的大都是一些非原则性的区区小事，因此，父母应教育孩子学会忍让，以宽容的态度和豁达的心胸对待他人，因为人与人是平等的，应相互尊重，为了一些鸡毛蒜皮的小事就发脾气，这是不尊重他人人格的行为，自然也难以得到他人的尊重。家长不妨教孩子设身处地地站在对方的角度，用对方的眼光去看待眼前的事情，豁达大度地宽容体谅他人，进而平心静气地解决问题。

第四，教孩子尊重别人的人格和自尊心。每个人都希望自己的形象被他人注意并予以肯定，希望在取得成绩时受到别人的称赞和鼓励，出现过失时能得到别人的理解和安慰。如果这些正常合理的心理需求不能实现，甚至受到歧视，自尊心就会受到打击，情绪就容易冲动。因此，父母应教导孩子学会尊重别人的人格和尊严，任何时候、任何地点都不要说有损对方人格和尊严的话，不要做有损对方人格和尊严的事。

不要放纵任性的孩子

孩子任性，是父母所面对的难题。当前，中国的大多数家庭只有一个孩子，因为过多的关爱，许多孩子都非常任性。任性是孩子的一种不正常心态，它会导致孩子无法正确认识和判断事物，个性固执，不明事理，妨碍孩子生活能力的发展，使孩子不善与人交往，难以适应环境，不被别人接受而陷入孤独，经不起生活的考验和挫折，对孩子健康成长不利。

莉莉是个漂亮的小姑娘，今年上六年级，她从三岁就开始学习舞蹈，经常参加一些比赛和演出，是同伴中间的小明星，亲朋邻居眼中的好孩子，更是父母的心肝宝贝和骄傲的资本。可是，虽然有这样一个出色的女儿，莉莉妈妈自豪的笑容背后却隐藏着一丝无奈。

莉莉最近参加了一个演出，觉得自己很了不起，每次妈妈送她去排演，她总是对妈妈挑三拣四，不是嫌妈妈磨蹭了，就是怪妈妈给她挑的衣服不好看……妈妈就像她的一个小跟班似的。妈妈为了陪莉莉耽误了工作不说，就连休息日也不能在家歇着，哪怕刮风下雨、身体不舒服也得陪着她。没想到女儿不仅不理解自己，反而怨东怨西的，妈妈心里委屈极了，可是又能向谁说呢？

终于有一天，妈妈爆发了。这天莉莉要参加晚上七点钟的演出，还是领舞呢，妈妈自是不敢怠慢，早早的准备好演出用的衣服和鞋子，五点钟就做好了晚饭，心想吃完饭就可以出发，千万别晚了。哪想到莉莉吃饭前非要喝可乐，本来妈妈不同意吃饭时喝饮料，认为对身体不好，可是怕莉莉闹别扭耽误时间，还是到门口的小卖部买了一瓶可乐。谁知道莉莉一看到妈妈买的可乐，竟然往床上一扔说："你不是知道我爱喝百事可乐吗？怎么给我买可口可乐！我不喝！"妈妈气坏了，可是一看已经快六点了，只好强忍怒气到小卖部换了一瓶百事可乐。可是小卖部没有百事可乐，只有可口可乐，妈妈只好拿着可口可乐回了家。这下莉莉可不干了，哭闹着说："我不喝这个，我就要喝百事的，你给我到超市买去……"妈妈跟她商量："咱们先出去，路上再买！"莉莉坚持道："不嘛，我现在就要！"妈妈再也忍不住了，扬起巴掌就朝莉莉扇了过去。莉莉从来都是爸爸妈妈的掌上明珠，爸爸妈妈连重话都没对她说过一句，她哪里受得了这个！莉莉呆了片刻，接下来哭闹得更凶了……

莉莉大闹之后，妈妈还是飞快地跑到超市买回了百事可乐。当她们风风火火地赶到演出地点时，演出早就开始了。由于莉莉迟到，领舞也让别的小朋友代替了。妈妈心里很后悔，要是早点儿给莉莉去超市买就好了。

莉莉的妈妈事后流露出后悔的想法，可是她没想过，这次她答应了莉莉的要求，谁知道莉莉下次还会提出什么要求？到时候是满足她，还是再给一巴掌？如果不改掉莉莉任性的毛病，这种情况还会一而再、再而三地发生。

对孩子进行"冷处理"

如果孩子任性、闹脾气，家长千万不能妥协，上前哄孩子。不妨对孩子进行"冷处理"，不给孩子讨价还价的机会。以上面的故事为例，家长可以这样处理。

首先，当拒绝孩子之后，孩子可能会大声哭闹，家长应该事后置之不理，千万不要心软。这样可以让孩子知道家长的决心。

其次，家长要告诉孩子，如果继续哭闹下去可能引发的后果，要让孩子明白，他要为自己这种耽误时间的任性行为负责。

再次，当孩子情绪稍微平复的时候，家长可以适当做出让步，比如答应孩子在去演出的路上买可乐。因为孩子向来都被当成心肝宝贝，一下子的“冷处理”容易影响到孩子与父母之间的亲密关系，不利于孩子心理的健康成长，所以家长的冷处理也不要过度，要适可而止。

树立家长在孩子心目中的权威

六年级的孩子处于反抗期，但他们毕竟年级还小，做什么事情通常没有能力靠自己来完成，所以他们在反抗大人的同时，心里仍渴望父母的支持。如果在孩子心目中存在一个权威，这个权威是他可以信赖的，那么这时孩子就会听从权威的指令。当孩子产生任性行为的时候，权威就可以出面阻止，孩子就不会任性了。

家长在树立权威的时候，要注意以下几点。

第一，权威的人应该是孩子最亲近的人，孩子和此人亲近，才会愿意听他的话；权威不应该是孩子害怕的人，孩子如果因为恐惧受到惩罚而听从他的话，那么时间长了就会养成胆怯、自卑的不良性格。

第二，权威者不应该一味地挑剔孩子的错误，也不应该在孩子的行为不正确的时候不闻不问。正确的做法是：关注孩子的任性心理，因势利导，对孩子合理的行为和要求充分鼓励和满足；对于不合理的要求也要采用适当的方式加以引导，避免强硬手段。

第三，权威者对待孩子的标准应该前后一致，孩子的任性行为，第一次加以阻止并命令其改正，以后就应该保持下去，不能因为外界的影响，或者自己心情的好坏时松时紧。这样会降低权威的可信程度，让孩子觉得“有商量”，就还会重复以前的不良行为。

第四，当家里别的人对权威所说的话有不同的意见的时候，千万不要当着孩子的面指出来，这样会降低权威在孩子心目中的分量，减弱今后权威说话的作用。这时正确的做法应该是避开孩子商量，达成共识后再由权威出面解决。

让孩子真正把批评听进心里

家长在对待任性孩子的时候，注意不要带着冲动、怨恨的情绪指责孩子，应该口气强硬而态度温和，批评的时候要干净利落，直截了当。

小明最近迷上了一种叫做溜溜球的玩意儿，喜欢得不得了，什么时候看见小明，总能看到他手里在玩溜溜球。别说，他玩溜溜球的技术还真长进挺快，能玩好几种花样呢！

这天，小明又在客厅里练习新动作，就是把球抛起来，再用绳子接住，练了好几回都没成功。于是溜溜球就不停地被他抛起来，掉下去，抛起来，掉下去……妈妈看见了，随口说了一句："别玩了，回头再砸着什么东西。"小明就跟没听见一样，还在那儿玩。过了一会儿爸爸也说："别玩了，多危险！""再玩一会儿！"小明一边抛球一边说。爸爸妈妈也就懒得再理他了。

没过多久，只听"哗啦"一声巨响，客厅立刻暗了下来——小明把吊灯给砸烂了，爸爸妈妈听到声音赶忙跑过去，妈妈不小心踩到了碎玻璃碴儿，脚上划破了一个口子，直流血！爸爸气极了，把小明拉到卧室的床上，噼里啪啦一顿揍。"叫你别玩，你就是不听，这回可好，你妈都流血了！这灯还贵着呢！100个溜溜球都不够。你就这么任性，非要玩！"

小明被打得哇哇大哭，一个劲说："我以后不玩了……"妈妈心疼了，拉住爸爸说："算了算了，他又不是成心的。一个灯能值多少钱，别把儿子打坏了。"

妈妈阻拦，小明认错，一场不大不小的风波就这么过去了。没过几天，小明又在家里练上了溜溜球。

这个案例里，爸爸及时管教了小明，甚至还打了他，可是为什么没有起到作用呢？是因为爸爸揍得不够重？还是因为小明家里富裕，不在乎吊灯那几个钱？其实，这些都不是小明屡教不改的原因。爸爸妈妈只看到了表面现象，认为砸坏一个吊灯没有什么大不了，可是他们忽略了小明根本就没把他们的批评放到心里。如果这种情况继续发展下去，小明只会越来越任性，难以管教。最后家长还会委屈地说："唉，我家的孩子，打也打了，骂也骂了，可还是任性的不行，一点儿也不听话！"

在批评孩子的任性行为时，家长要注意。

第一，命令不要一再重复，应该在孩子错误行为刚开始时就坚决制止。如果第一次制止无效，那么重复的次数越多，命令的严肃程度越低。

第二，口气强硬，态度温和。态度温和是指家长不要带着冲动、怨恨的情绪批评孩子，这样家长就容易不理智；口气强硬是指批评孩子的时候语气要干净利落、直截了当。比如案例中小明的父母这样对小明说："你不能在家里玩溜溜球，马上停止。"效果就会好得多。

赶走孩子的自私心理

自私的孩子往往过于看重自己，把自己放在最中心的位置，以自己的情绪为情绪，自己的意志为意志，凡事都只希望满足自己的欲望，要求人人为己，却置别人的需求于不顾，不愿为别人做半点牺牲，不关心他人痛痒，恨不得让地球都围绕他的意愿转，服从于他。这种孩子强烈希望别人尊重他，却不知道自己也得尊重别人。这些孩子心目中充满了自我，却唯独没有他人。无疑，这种自私心态对于孩子来说是极为不利的，它会严重影响孩子的自我形象，以致被人厌恶、孤立。

蔡风成绩非常好，班主任想让他当班长，把班级的整体成绩带上去，没想到却遭到他的拒绝。班主任不明白为什么，问道："当班长有什么不好?"

"当班长有什么好呢?"蔡风轻声反问，"现在我六年级了，要考市重点中学，当班长太耽误时间，考试看的是成绩，不是看你是不是班长。"

蔡风的一番言论让班主任吃惊不小，看来同学们对他的反应是真的。蔡风是寄宿生，平时吃住都在学校，他的很多同学在和老师谈心的时候都说他太自私，从不肯帮助别人。

"蔡风从来不参加课外活动，说是浪费时间!"

“我问蔡风这道题如何解，他明明知道，却不教我！”

“我不爱和蔡风搭伙儿吃饭，好吃的全被他扒拉走了！”

老师认为成绩固然重要，可是良好的品质同样对人生有着重要的意义。于是一个周末，他来到了蔡风家里家访。

“老师，你怎么来了？快请快请！”蔡风的父亲打开门，有些惊愕。

蔡风一家人正在吃饭，一桌坐了六个人，爷爷、奶奶、外公和蔡风一家三口。

“你们先吃，吃完了我们再谈！”老师见来的不是时候，退到了客厅，让他们先吃饭。

喝着茶，老师听见：

“风，你爱吃排骨，都给你！”

“奶奶，把你的坐垫给我坐坐，冷得很！”

“风，你爸爸不同意给你买的mp4，这次你考得好，妈送给你！”

从这几句言词中，老师有些明白蔡风为什么养成了自私的心态了，他决定一会儿好好和蔡风的家长谈谈。

孩子的自私行为家长应该严厉禁止，怎么做才能有效地改掉孩子自私自利的心态呢？

找到孩子自私的原因

“自私”这种心理现象产生的原因主要有以下几个。

第一，孩子天生的利己倾向。在孩子心理发展未达到成熟阶段的时期，他们往往单纯地确定“我即世界”，这种自我中心虽然会随着时间的推移和经历的增长，逐渐接纳他人和减少利己行为，但很多孩子仍然会固执己见，不能接受公正、正确的意见。孩子衡量外界的标准便是是否有利于他，相应的行为也如此。

第二，家庭过分宠爱。很多家长在教育孩子时，会提醒孩子“自己”要如何如何，而没有引导孩子从“自己”与他人的关系这个角度去思考，那么，就会把“自私”的种子播种在孩子的心里，形成不良的心理品质。而长期过分溺爱、娇纵，特别是祖辈和父母众星捧月的态度，孩子说一不二的核心位置，助长了孩子的独占欲，强化了他们的自我中心意识。

及时的提醒和讨论

当孩子表现出自私行为时，立即的强烈责备反而不好，应给予孩子提醒和讨论。讨论是在轻松愉快的气氛中进行，讨论内容是使孩子了解自私的后果——自私的孩子不受欢迎。孩子为了不落到没有朋友玩，没有好声誉的结果，会意识到要注意和改正自私行为。

鼓励孩子积极参加集体活动

对六年级的孩子来说，集体就是小组、班级、学校及假期里的活动小组。孩子在这些集体组织里学习和生活，就应该同这些组织的其他成员团结互助，共同完成集体活动的任务，并在这个过程中形成初步的集体主义意识。但自私的孩子在集体中与他人格格不入，做事斤斤计较，有些家长也错误地认为参加集体活动没意思，这是不对的。家长应当和学校老师保持经常的联系，了解孩子在集体中的表现，支持孩子为集体做好事，倾听孩子参加集体活动后的感受，教育孩子在集体活动中团结友爱、勇挑重担、遵守纪律，并帮助孩子改正狭隘自私、重名重利、害怕吃亏等错误思想。

让孩子深刻认识自私的危害

六年级的孩子认识问题容易片面、肤浅，仅仅从直觉判断正误，随性而为。家长要引导孩子从深处认识问题，比如，家里的好东西孩子多吃多占，从表面看他沾了光，但从深层看，好东西吃得多，差东西吃得少，就会出现营养成分失衡，以至于造成肥胖等症。再比如担任班干部，从表面看花费了自己的精力，有时还会受气，但从深层看可以利用这种机会向各位同学学习，锻炼自己的组织管理能力。家长应及早向孩子敲响警钟，使孩子在认识上和情感上同自私告别。

父母要言传身教

父母的言行是孩子最基本和最深刻的榜样，父母在平时表现出的对他人不幸的同情、困难的帮助，对社会热心、关心的态度，会感染孩子。要知道，自私的父母只能造就自私的孩子，别指望他替别人（包括父母）着想。

不要溺爱孩子

父母不能溺爱孩子，这样会使孩子心中只有自己，只想得到别人的照顾，根本想不到关心别人。家长要懂得正确地满足孩子的要求，合理的答应，不合理的不要迁就，同时，全家人还要组成“统一战线”，不要让孩子产生“父母不答应，爷爷奶奶会答应”的侥幸心理。只有全家人“统一战线”，才能改善孩子的自私自利的心态。

让孩子体会到助人的快乐

自私的孩子往往缺乏爱心。助人为乐容易赢得别人的赞扬，增强孩子的荣誉感和自信心，有效帮助孩子改掉自私自利的毛病。家长可以带着孩子多参加一些社会活动，比如去敬老院、孤儿院，为灾区捐款等等，给孩子营造爱的氛围，以此感染孩子，影响孩子，帮助孩子消除自私心理。

塑造孩子乐观的心态

乐观的心态，决定人生的成败，它使人能看到事情比较有利的一面，期待更有利的结果。调查显示，开朗乐观的人不仅较为健康（其癌症患病率明显低于悲观抑郁者），而且生活较为幸福，事业上也较易获得成功。

李·艾柯卡是美国著名的企业家，他的父亲尼古拉·艾柯卡也是一位企业家，最富有的时候，拥有几家电影公司和富兰克林戏院，另外，还有一个包括30多辆车的车队。所以，在李·艾柯卡6岁之前，他们的生活非常安逸温馨。但是，就在20世纪30年代那场经济危机之后，尼古拉家里几乎丧尽了全部财产。面对这样悲惨的局面，尼古拉和妻子没有悲观失望，也没有把失败的阴影带给孩子。童年的李·艾柯卡一直从父母那里得到了慈爱和温暖，得到了战胜困难的乐观精神和积极迎接生活挑战的处世态度。

父亲虽然仅上过4年学，却是那种能够把理想和现实结合起来的人。他在经商过程中不止一次地遇到过挫折，但都凭自己的智慧和经验闯过来了。他善于总结自己的人生经验，并把这些经验传授给孩子。在儿子的成长过程中，每当遇到困难时，他都能找到适当的话题，及时给以点拨。比如，如何应对困难，如何结交朋友，如何做好每一件事和如何实现自己的理想，等等，他都不时地把道理讲给儿子听。

当儿子遇到屈辱和困惑，满腹心思、闷闷不乐时，父亲总是乐观地对他说："孩子，发生了什么事？不要紧，这没有什么。任何困难都将是暂时的。忘掉它，迎接美好的明天吧。相信明天会好起来的。"

"忘掉困难，迎接美好的明天"，这句话一直是艾柯卡的家训。孩子们也很信任他们的父亲，每当遇到不如意的事情，就会找父亲谈心。

一次，小艾柯卡在小学竞选班干部，因对手做了手脚，他落选了，而老师却没有主持公道。愤怒的他跑回家，把满肚子的委屈告诉了父亲，希望父亲到学校去找老师评理。但父亲没有这样做，而是对儿子说："这个世界上不合理的事情是很多的。尽管我们都追求合理，但这是很难实现的。怎么办呢？把委屈放在心里，别计较它；特别是对那些不值得计较或无能为力的事，更应该这样。不要钻牛角尖，而要朝前看。"父亲的话使儿子的心结得以化解。

有一年，小艾柯卡病倒了，得的是风湿热病。这种病在当时是非常可怕的，曾夺去了很多人的生命。小艾柯卡非常害怕死去。在痛苦和绝望中，父亲以开朗的性格和乐观的态度鼓励他。父亲说："每个人都会遇到挫折和不幸，也包括各种各样的疾病。孩子，当人遇到不幸时，首先不要让精神垮掉，而要想方设法同不幸作斗争，并在斗争中获得知识和力量。"在父亲的关怀和母亲的照料下，小艾柯卡在经过6个月煎熬之后，终于战胜了病魔，恢复了健康。

可以说，乐观的心态是孩子一生的财富！心理学家发现乐观性格是可以培养的，即使孩子天生不具备乐观品质，也可以通过后天的努力来实现。那么，家长应该如何培养孩子的乐观心态呢？

鼓励孩子多交朋友

不善交际的孩子大多性格抑郁悲观，因为他们享受不到友情的温暖，所以更容易感受孤独和痛苦。如果孩子性格比较内向，家长就要引导孩子多结交一些性格开朗乐观的同龄朋友。

让孩子爱好广泛

开朗乐观的孩子心中的快乐源自各个方面。一个孩子如果仅有一种爱好，他就很难保持长久快乐。试想：只爱看电视的孩子，如果当晚没有合适的电视节目看，那么他必然会郁郁寡欢。有个孩子是个书迷，但如果他还能热衷体育活动，或饲养小动物，或参加演出，那么他的生活将变得更加丰富多彩，由此他也必然更为快乐。

引导孩子摆脱困境

即使天性乐观的人也不可能事事称心如意，但他们大多能很快从失意中重新奋起，并把一时的沮丧丢在脑后。父母要着意培养孩子应付困境乃至逆境的能力，要是一时还无法摆脱困境，那么可教育孩子学会忍耐和随遇而安，或在困境中寻找另外的精神寄托，如参加运动、游戏、聊天等等。

拥有自信十分重要

一个自卑的孩子往往不可能开朗乐观——这就从反面证实拥有自信与快乐性格的形成息息相关。对一个智力或能力都有限，因而充满自卑的孩子，家长务必多多发现其长处，并审时度势地多作表扬和鼓励，来自家长和亲友的肯定有助于孩子克服自卑，树立自信。

家长要有乐观的思维方式

家长在生活中的乐观态度，对孩子具有重要的示范作用，孩子会通过观察和模仿逐渐养成乐观品质。比如说，这会儿下雨了，就要引导孩子说“下雨了”，而不要说“该死的天，又下雨了”，因为这样说并不能改变下雨的事实。当然，就算说“太好了，又下雨了”，也不能使雨发生任何改变，可是如果把这种话说给孩子听，情况就大不一样！“瞧，太好了，又下雨了！小鸟在歌唱，小草也在歌唱，它们都得到了雨的滋润”，这样就会把快乐传递给孩子，让他无论身处何种环境，都能保持愉悦的心情。

第七章

六年级，青春期教育的关键期

帮助孩子区别友谊和爱情

随着人们物质生活水平的提高，青少年的青春期发育大大提前，目前小学五、六年级 30％的男孩和女孩有了性成熟的标志。在家长、老师还把他们当作孩子看待的时候，他们实际上已经在向成年过渡了。

随着孩子性生理和性心理的发展，他们会对异性逐渐产生兴趣和倾慕，表现出一种特有的情感体验，即与异性间交流的增加，出现接近异性的行为。但孩子往往对友谊与早恋的界线认识模糊，又由于封建观念的影响，有些孩子对异性之间的交往特别敏感，同学、朋友间由于兴趣、爱好相投或学习、生活上联系接触稍多一点，就会有各种闲言碎语传出，使孩子以为自己真的犯了早恋的错，从而影响孩子心理的正常健康发展。确实，对于六年级的孩子来讲，有时很难区别友谊和爱情。

周华今年上六年级，一天，老师给周华的妈妈打来电话，说周华居然逃课了，让周华的妈妈找到孩子后和他好好沟通一下。

周华的妈妈放下电话后觉得很惊讶，自己的儿子一向品学兼优，从来不曾逃学过，这是怎么一回事呢？后来，周华的妈妈在一个公园里找到了自己的儿子，她并没有大声斥责儿子，把周华带回家后，妈妈便像对待朋友那样和他谈心。

原来周华喜欢上了本班的一个女孩李蔷。

“我发现自己特别关注她，什么话都想和她说，什么事情都想和她一起做，看书的时候也会不由自主地想她……妈妈，我觉得自己早恋了……”

周华的妈妈非常了解自己的儿子，他好强，对自己的要求非常严格，当儿子以为自己“恋爱”了，他就觉得自己是个坏小孩，不久学习成绩就会一落千丈，家长和老师都会对他另眼相看……他忍受不了这些，所以选择了逃学。

周华的妈妈了解了事情的经过，她打算好好和周华说说喜欢和爱的区别……

故事中小主人公的这种经历在很多六年级孩子身上都曾有过。六年级的孩子已经明白了男女有别。这个时期是异性交往的敏感时期，男孩女孩之间的异性交往比童年时代的异性游戏来得复杂，比成年时期的婚恋生活来得微妙，比任何年龄的同性和异性交往都难以驾驭。六年级的孩子缺乏对社会生活的体验，思想单纯，常不会正确区分友情和爱情。有的孩子错把对异性的好感当作爱情，不但会严重影响学习，还会给自己及对方都带来痛苦和烦恼。

那么，家长应该从哪些方面帮助孩子呢？

为孩子营造宽松的环境

孩子在此期间的爱慕，虽是一种自然、纯洁的情感流露，但并非严格意义上的“恋爱”，只是两者表面的相似性常常使孩子误以为自己已进入了“恋爱”状态。对于这种情况，做父母的应为他们创造一个宽松的环境，让他们在交往中建立友谊，破除孩子“男女之间的交往就等于恋爱”的狭隘观念。

帮助孩子分清友谊、爱情的界限

家长应该使孩子认识到，友情和爱情虽密切联系，但在性质上是不同的情感和概念。

友谊，词典上解释为“朋友间的交情”。它是有相同兴趣、爱好或者性格相似的人之间的一种彼此关心、相互帮助的情感，是在心理兼容基础上形成的个人之间强烈而深沉的情绪依恋。它不分男女，也没有范围和年龄的限制。

友谊最显著的特点是不排斥他人，可以是三五人，或更多的人形成的朋友关系。这种友谊可以是短期的，也可能是长久的。友谊结束，不一定会对彼此造成心理伤害，因为友谊是多元化的。例如小学时代结束，小学同学间的友谊可以结束，也可以持续，不少同学也会又有了中学时代情谊更深的朋友。

而爱情则不同，它含有以下几个方面的内容。

男女之间在体貌上互相吸引，在精神上产生共鸣，在文化层次、教养水平、人生目标、价值观及生活方式、审美情趣和兴趣爱好等方面都具有相当的一致性。爱一个人实际上意味着，在对方身体上实现自己在诸多方面的追求，比如审美追求、理想追求、生活目标追求，心理上的追求、物质上的追求（双方要具备一定的物质基础，为以后共同生活做准备)，还包括性的内容。而且，爱情发展到一定程度，双方渴望通过婚姻的形式，以求得合法的肉体结合并承诺终生相守。

爱情具有排他（她）性，他（她）要求相爱的双方感情执著、专一，同时与多人保持爱情关系，则被视为不道德。实际上，与多人同时共有爱情的完整内容，也是不可能的。爱情还具有迷恋性，所谓迷恋是指情人即使在参加其他活动时也还都在关心着他们心爱的人，迷恋为人们提供了把对方理想化的基础，这是爱情关系中经常出现的现象。

这样看来，友谊和爱情就是有界限的了。因此，男孩女孩在友谊之中，可能含有互相倾慕依恋的成分，但如果不理智地处理，不以高尚的道德精神来约束，就很有可能超越友谊的界限，发展为早恋。当孩子和异性朋友常常出双入对、形影不离，不愿扩大交往圈子时；当对方的一举一动，都牵动着孩子的心思时，家长就应该提醒孩子以冷静的头脑，审视自己和异性朋友间的关系，否则，感情的洪流有可能冲毁理智的堤坝。而且，无论从年龄、阅历、知识、成熟性方面，还是人生的精神和物质的准备方面，六年级的少男少女都不具备爱情所需要投入的资本和承担的责任。因为此时的孩子，并不懂得自己的恋爱有何目的，无法预测爱的结局，往往是身不由已地陷入某种情结，连自己也不知该进还是退，这本身就是危险的。家长要让孩子明确异性交往中什么是爱情，什么是友谊，提倡孩子进行正常的异性交往。

正确对待早恋的孩子

随着网络、影视、书刊等媒介的传播，其中男女间的情爱、接吻等画面在孩子面前经常出现。六年级的孩子对此会有很强的好奇心和模仿能力。媒体中的爱情故事很容易把朦胧中的他们吸引住。大街小巷播放的一些流行歌曲也都是高唱着你爱我、我爱你。就连孩子最喜欢看的动画片里也不乏一些搞笑的言情戏，孩子能不受影响吗？

铭铭今年上六年级，是个很漂亮的女生。一次，班主任老师偶然把一个男生小辉调成了铭铭的同桌，引来了班上许多同学的哄笑，有些胆大的同学竟边笑边说："这样就绝配了。"铭铭脸红扑扑的，头低得很下。

班主任老师似乎有些察觉，难道铭铭和小辉早恋了？通过明察暗访，老师终于肯定了这个猜测，铭铭和小辉一起上学，一起放学，两人在课上还经常传小纸条，他们的"恋爱关系"已经成了公开的秘密。

老师随即联系了铭铭和小辉的家长，双方家长和老师一起对铭铭、小辉进行了教育，告诉他们早恋的种种害处，可是这孩子嘴上答应着，实际上还是暗自来往。后来，他们俩甚至一起逃课。

小辉的爸爸得知后狠狠地打了他一顿，铭铭的妈妈也不再让她随便出门。令双方家长惊讶的是，面对父母、老师的严厉态度，两人竟然“情比金坚”，还是不断地在往来。为了不让儿子和铭铭过多接触，这学期父母给小辉调了班，心想小辉迟早会明白自己的一番苦心。

谁知小辉却一直以沉默的方式和父母对抗。前天夜里，父亲上卫生间时发现儿子房间的灯还亮着。推门一看，小辉正光着上身站在穿衣镜前，他的胸口上用刀刻了一颗心，心的两旁分别刻着自己和铭铭姓名的第一个字母。看着儿子血淋淋的胸口，当时父亲的眼泪就下来了。

一部分六年级的孩子进入了青春萌动期，由于在生殖系统及第二性征方面出现了明显差异，他们对异性产生了极大的关注和兴趣。加上一些孩子的性“早熟”，对异性的情感十分强烈。然而处于这一阶段的孩子们，他们的世界观并未完全确立，为人处世的能力与成人相比还很幼稚，对于伴随而来的生理上、心理上的冲动，控制能力还很差，一旦产生爱慕之情，往往难以克制自己的情感，常常会酿成意想不到的后果。

那么，面对早恋的孩子，家长应该怎么办呢？

宜疏不宜堵

早恋的孩子春心萌动，好奇心强，逆反心理重。如果家长对孩子的异性交往过于敏感，过于干涉，过于压制，容易引起孩子强烈的逆反心理，最终导致孩子在情感的道路上越走越远。非但不能减弱“恋人”之间的爱情，反而使其感情更坚定。从某种层面上来说，父母的干涉越多，反对越强烈，早恋的孩子相爱就越深。

家长要明白，早恋是一种心理现象，而不是道德品质错误。对早恋的孩子，家长不应该孤立、打击，而应该更多地关心和引导。如果家长能够理解孩子，欣然接纳孩子的异性朋友，并给他们的交往当好参谋，给他们提供真诚的建议，那么，不仅孩子的异性交往能够走上健康发展的道路，而且会极大地提高孩子的学习和生活热情。

家长一定要耐心引导孩子，毕竟孩子的爱情还处于朦朦胧胧的阶段，多数的孩子此时很矛盾，他们既不希望违背社会认可的规范，又不甘愿放弃美好的情感。所以，家长在此时所要做的是和孩子一道求解这一人生难题。家长可以告诉孩子："这就像我们去郊游，虽然沿途的风光很美，但如果我们就此下了车，就可能再也到不了目的地了。"家长要帮助他们把这一段美好的情感，细心地夹到自己的纪念册里保存起来，带着他们早日走出情感的沼泽地。相信孩子会有所触动的。

告诉孩子早恋的危害

要让孩子彻底断了早恋的念头，家长最好对其动之以情，晓之以理，让孩子明白早恋的危害。

第一，影响身心发育。从孩子的生理发育方面来说，虽然六年级的男孩女孩性意识萌发，性别差异明显，但是生理发育并未成熟。例如，骨骼在发育，体貌形态在变化，尤其是性心理、性器官都处于发育阶段，过早恋爱对孩子的身心发育没有好处。

第二，爱情很难有结果。这一时期的孩子，思维和辨别能力低，立场不坚定，情感脆弱，经受不了困难和挫折。在异性的爱慕方面，虽然有的人爱得死去活来，有的人可能因此与父母吵闹，有的辍学，还有的甚至离家出走，但这种爱情都不是真正的爱情，它只是孩子在发育期中的一种朦胧的爱、幻想中的爱，经不起生活实践的考验，因此它不能长久，更是很难有结果。

第三，影响学习。六年级的孩子精力充沛，记忆力和理解力强，接受新事物快，正是学知识、长技能的黄金时期。在这样宝贵的大好时光里如果能分秒必争，刻苦学习，那么就会前途无量。相反，如果在这宝贵的时光里缺乏自我调控而陷入早恋之中，就会荒废了学业，耽误了自己的前程。

拓宽孩子的视野，转移注意力

家长应鼓励孩子积极参加对身心健康有益的活动，以转移其注意力。校内丰富多彩的集体活动，校外的旅游、交友、公益劳动等，既可锻炼身体，又可益智、养性。同时，鼓励孩子根据个人兴趣，发展个人爱好，如进行集邮、读世界名著、练习写作等，使课余的时间充满情趣，充满快乐。另外转移孩子的活动空间也是必要的，尽量减少孩子与他（她）单独相处的机会，注意多参加集体活动，扩大孩子的交际圈子，用多层次多角度的友谊来冲淡已经快将孩子团团包围的“恋爱”关系。这样，“早恋”的现象就会适当减弱或转移。

此外，家长在帮助孩子走出早恋泥潭的同时，要肃清孩子周围的不良影响的人和物，让孩子多看有益的书籍，少看成人书刊、电影。家长为了孩子也要洁身自好。

当孩子收到了情书……

一个男孩因为足球踢得棒，被许多女孩追求，不仅在情人节里收到贺卡和热辣辣的求爱信，而且被痴情女孩一封封的情书搞得哭笑不得；一个女孩因为舞跳得很好，人又长得漂亮，就会有许多男孩子锲而不舍地追逐，在她的书桌里常常发现不知什么时候塞进来的情书……情书，之所以成为校园里历久不衰的传情工具，是因为它避开了老师，避开了家长，避开了闲言碎语。孩子们蠢蠢欲动的心用这种隐秘的方式悄悄向对方吐露，虽有时不慎被截获，但仍然没有因此而影响它的存在。

应该说，整个小学阶段，欧阳的学习生活一直很愉快，几乎从来没有过烦恼。可是，就在欧阳快毕业的前夕，发生了一件事。

这天，同往常一样，欧阳回到家拿出课本准备做老师布置的作业，当他翻开文具盒时，突然发现里面躺着一封信，欧阳很是吃了一惊，急忙拆开信：

“如果你是太阳，那么我希望自己是云；如果你是月亮，那么我希望自己是星星……也许你没有注意，我一直在默默地喜欢你……希望你能尽快告诉我你心里的真实想法。”

看了这封信，欧阳的脸涨得通红，心中不禁有些激动。给他写信的女孩是个非常漂亮的女孩，号称他们班的“班花”，平时追求她的男孩不少，有本班的，也有外班的，欧阳对她的印象也不错。想起她清秀俊俏的脸庞，婀娜多姿的身影，欧阳沉浸在一阵幸福的喜悦之中。

可是书桌上堆积如山的课本、试卷很快就把欧阳从幻想中拉回现实。想到马上要来的毕业考试，今后的前途……欧阳犹豫了，怎么办呢？回绝她？这样会不会伤害她呢？不回绝？可是，唉！欧阳真不知该如何面对这封感情炽热的情书……

面对异性勇敢的追求，而且是以书面的形式，是接受还是拒绝？这对于孩子来说的确是一个难题。但是可以肯定的是，回避不是办法，孩子必须要勇敢地面对一切。因为如果不处理好这个问题，对孩子和对方来说，心灵上都无法得到宁静。

提醒孩子，不要将情书所表达的感情视为爱情

其实，很多写情书表达爱情的同学，更确切地说，是在表达一种喜欢，也仅仅是一种喜欢，而且这种喜欢有很大的盲目性，缺少对爱情理解的支撑，无法成为真正意义的爱。如果接到情书的孩子将这种情书所表达的爱视为爱情，甚至全身心地投入的话，结果不仅会使孩子一方走入了歧路，而且也会使对方更深地陷入到错误中去。这不仅伤害了孩子，也伤害了对方。

教给孩子有效的方法拒绝情书

给异性写情书表面达爱慕之情，这本是向往异性心理驱使下的一种表现，不足为怪。作为表白感情，总是要经过一番内心冲突和苦思冥想，才会鼓足勇气向意中人表露心迹。而如果不负责任地将对方的秘密公之于众，则无疑会伤害对方的自尊心，影响同学关系。当孩子接到情书时，家长一定要让孩子保持理智，做出明智的决定，用恰当的方法拒

绝对方。

第一，冷却法。对方写情书可能只是一时头脑发热，家长不妨建议孩子给对方一段时间去思考，先与他（她）脱离接触，暗示因受到学习和自身的压力，暂时不宜见面。不予理睬和适当回避的行为本身就是简单省事地向对方发出了一个信息：我对你不感兴趣。实在躲避不过时，也要避免单独接触。

第二，“快刀斩乱麻”法。这是最简洁、最直接的方法。吞吞吐吐、模棱两可，很有可能使对方误解孩子的感情。家长要告诉孩子，理智而道德的行为，应该是把自己的心思真实地告诉他（她）。这既是对自己负责，也是对对方负责。

第三，“以其人之道，还治其人之身”法。家长也可以建议孩子参照对方的方法，认真地给他（她）回一封信，劝对方放弃这种念头，抓紧宝贵时光用心学习，说清楚与他（她）只能是同学和普通朋友的关系。写回信时要注意措辞，一是不要有意挖苦打击，二是不要暧昧不清，诸如“现在还是以暂不考虑为好”、“我们仍可以成为亲密朋友”之类，态度要坚定明确。

只要孩子的态度坚决而明确，一般来说，对方也就会放弃了。成功拒绝对方的奥秘就在于孩子是否能坚决地说出那个“不”字来。让孩子一定要态度坚决、彻底，不能给对方一丝错误信号，否则很有可能会导致剪不断、理还乱的难堪局面出现。

如果这一招使出后，对方仍然执迷不悟，“战事”继续升级，家长可以让孩子警告对方如果再继续骚扰就把这一问题上报给班主任处理。到此时，孩子已经做到了仁至义尽，假如在这种情况下那位多情者还是频频射“丘比特之箭”，那么，家长可以让孩子把警告付诸行动，这是最后的也是唯一可选的办法，剩下的将由老师去处理。

解决孩子与异性同学的感情纠葛问题，是一件严肃慎重的事情，应冷静地思考、果断地决定、认真地行事，只要孩子举起理智的盾牌，是能够有效地挡住射来的爱神之箭的。

教会孩子把握与异性交往的分寸

对于六年级的孩子来说，异性之间的交往是不可缺少的。男女同学正常交往，既有利于班级集体建设，又有利于增进对异性同学的了解，扩大交往的范围，提高与他人交往的能力。男女同学在一起学习交流，取长补短，可以提高学习效率。男女同学在性格、兴趣、意志等方面各有特点，互有优势。通过交往，可以相互影响，相互促进，从各方面完善自己，促进个性的全面发展。然而，如果孩子不能够把握与异性交往的分寸，那么很容易造成困扰。

孩子与异性交往，家长要特别提醒孩子注意些什么呢？

要自然适度

在与异性交往的过程中，孩子的言语、表情、行为举止、情感流露及所思所想，要做到自然、顺畅，既不过分夸张，也不闪烁其词；既不盲目冲动，也不矫揉造作。消除异性交往中的不自然感是建立正常异性关系的前提，家长要让孩子像对待同性同学那样对待异性同学，像建立同性关系那样建立异性关系，像对待同性交往那样进行异性交往。同学的关系不要因为异性的加入和存在而变得不舒服或不自然。男女生交往要理智从事，注意自尊自爱，言谈举止做到文雅庄重，不宜过分亲昵，也不宜过分冷淡。

要注意交往的场所和方式

孩子间异性的交往应该以在集体活动中交往为主要方式。因为集体活动的场所、气氛和方式更容易消除男女生交往的羞怯感，更有利于提高智力、丰富感情、发展个性。集体交往的形式丰富多彩，如唱歌、游戏、竞赛等。异性交往要适合当前的社会习俗，在个别交往时应注意时间、地点、场合的选择。比如，男女间单独相处是友谊的例外形式，虽然异性交往未必必须集体地进行，但过多的单独相处容易诱发他人的猜想。

要消除羞涩感

异性交往过程中，家长要让孩子做到态度诚恳、自然、顺畅，要注意消除异性间交往的不自然感。不要哗众取宠，卖弄自己；或是有意显示自己大方，在异性面前摆阔气，贬低同性同学等。男女交往时要自尊自爱，言谈举止要做到文雅庄重，切不可勾肩搭背，接吻拥抱；也不可搔首弄姿，卖弄风情。

要留有余地

在交往过程中，家长要叮嘱孩子言谈举止要留有余地，不能毫无顾忌。比如谈话中涉及两性之间的一些敏感话题时要尽量回避，交往中的身体接触要把握好分寸，不能过于轻浮，也不要过于拘谨，更不应过分随便。毕竟男女有别，有些话题只能在同性之间交谈，有些玩笑不宜在异性面前乱开，这些都需要注意。

孩子“爱”上了老师怎么办

六年级的孩子涉世未深，交往范围很小，在经常接触到的异性中，除了亲人、同学，就是老师了。优秀的老师比其他人更容易成为孩子心目中崇拜的对象。他们的地位十分特殊，很多同学都会被他们身上所散发出的学识和人格魅力所吸引、所激励，而愿意与他们更亲近，希望获得他们的肯定和注意。

小瑞今年上六年级，一直很乖，学习也很努力，每次考试都是班级里的前几名。每天放学后，女儿总是将学校里发生的一些新鲜事讲给爸爸妈妈听。也不知从何时起，女儿经常把数学老师挂在嘴边。

“老师长得帅呀！”

“老师说话很幽默。”

“数学课上，老师批评某某了……”

一来二去，从女儿的谈话中，妈妈对女儿的数学老师也有了一些了解。这位数学老师是今年刚毕业分到学校的大学生，二十五六岁。

半个多月前，女儿突然提出要转学，而且态度坚决：“如果不给我转学，我就不去上学了。”女儿说，转学的理由是因为班级的学习氛围不好。

前几天，妈妈无意中看到女儿写的日记，这才揭开了女儿转学的真正原因——原来她爱上了自己的数学老师。

元旦前，妈妈为女儿办理了转学手续。到了新的学校，女儿还经常和原来的数学老师联系。为了知道女儿是怎么想的，妈妈偷看了女儿的日记。

“最近有一件事让我非常苦恼，因为我发现自己喜欢上了数学老师。现在，我常常都会想他，每当想他的时候，我就想给他打电话。上学后我就更难受了，每次看见他都不敢跟他对视，上课的时候也不敢看他，脑子里一片空白，根本没有心情上课。我不得不选择转学，可转了学却让我更想他。”

哎，女儿爱上了男老师，这事情可怎么办啊！妈妈发愁极了！

很多孩子容易像故事中的小瑞一样，对年龄稍长的老师产生向往和依恋。那么家长应该如何面对孩子的恋师情节呢？

了解孩子恋师的原因

具体来说，孩子恋师有以下几个原因。

第一，从心理学的观点看，这是孩子独立意识发展过程中的一种现象。孩子独立性的最高体现就是热切希望飞出“巢穴”，脱离父母的监护，在社会的大环境中驰骋。但是，孩子的社会经验不足，活动能力又太差，在他们感到束手无策、茫然四顾时，身边那些有智慧、有才华、充满成熟美的老师，便自然而然闯入他们的心扉，成为他们崇拜的偶像。

第二，现在的学校教育存在许多不利于孩子性发育的禁锢，孩子的交往始终处在被贬低、被排斥的状态。在这种情态下，正常的交往无法进行，那些性格内向、传统观念较强的孩子为满足与异性交往的需要，转而把目光投向身边的老师或其他成年人。

第三，在“师生恋”中，年轻的一方有自己的特殊原因。比如，女孩从小缺少父爱，男孩自幼与单身母亲生活在一起，家庭经济窘迫，过于浪漫、过于虚荣，极富同情心，盲目崇拜他人等等，都可能导致“师生恋”。

第四，不能否认个别老师故意制造假象，他们丧失道德，利用孩子年幼无知的弱点引诱他们上当，以满足自己的欲望。情窦初开的孩子通常很少对性欲有强烈的追求，一些道德败坏的长者，通过不正当的手段勾引少年男女，使其不能自拔。

避免孩子“恋师”的措施

“恋师”在生活中不可能杜绝，但并不是不可以避免。作为家长，可以这样做。

第一，家长要鼓励孩子与自己同龄的伙伴多交往，开拓孩子的社交圈。甚至可以有意识地让孩子多结交一些异性的朋友，减低他们对异性的好奇心和崇拜感，这样可以有效避免对老师的爱慕情绪。

第二，要让孩子在与老师交往的过程中，找准自己的位置。即：孩子是晚辈，老师的吸引力再大，作为学生给予他们的感情也只能是敬重、爱戴，而这种爱是对父兄的爱，与情侣之间的爱是不能相提并论的。

孩子“恋师”后的补救

如果孩子已经爱上了一位老师，那么，家长应该做到以下几个方面。

第一，给孩子宣泄的机会。家长首先要让孩子找一个十分可靠的人或者以日记的方式把自己长久以来压制在心底的爱慕之情说出来，让孩子的心灵得到解脱，回归到正常的学习生活中来。

第二，平心静气和孩子交谈。家长可以平心静气地和孩子一起谈谈对老师的看法，首先就是要肯定老师的优点。孩子听到家长对老师也赞许有加，才会放松心情，和父母好好交谈。

其次，家长要对孩子晓以利害。有了对老师的感情，孩子很难集中注意力学习，结果很有可能影响学业，耽误前程。如果孩子反驳，这份感情不会影响学习，那么家长可以从另一个方面来谈危害：如果老师接受了孩子的情谊，那么这件事情传出去，老师还能在学校继续教书吗？相信孩子不为自己考虑，也会为老师考虑，坚定的“爱情”会有些许松动。

再次，和孩子一起探讨可能性。第一种必须要探讨的可能性是“他会等你那么多年吗”，家长可以和孩子分析，即使同意孩子保留对老师的好感，但是现在谈恋爱是肯定不行的，因为对老师、对孩子都有负面影响，那么这样一来，就算是一进大学就谈恋爱，也要好几年时间，这好几年中老师会不会有所改变？第二种必须探讨的可能性是，老师已经有他自己的事业了，而孩子却还是一个在学校读书的学生，还没有接触过社会，以后孩子有可能会遇到更好的男人，现在这样值得吗？

相信这一番谈话下来，孩子一定能有所领悟。

第三，与老师好好沟通。作为老师，他最大的希望就是自己的学生努力学习，如果他知道孩子痴迷于他而“成绩已经下降了许多”，那么相信他也会做出一些努力，处理好和孩子之间的关系。切忌把事情闹大，这样对孩子造成的伤害是不可弥补的。

第四，开拓孩子的视野。一旦发现自己的孩子有“恋师”倾向，父母不能对孩子责骂、羞辱。实际上，孩子此时背负的压力已经很大，处理不得法，反会事与愿违。最好的方法是：开拓孩子的视野，转移孩子的注意力。家长可以带孩子出去旅游，让孩子放松心情；也可以创造机会让孩子结识更多的成功异性，比如孩子的哥哥、学长等等，让这些人从侧面劝劝孩子，告诉孩子外面的世界很精彩，不要为了一时的风景而停留。

理性面对孩子长不高的问题

每个家长都希望孩子有个挺拔的身材。看到别人家的孩子不断地在长高，而自己的孩子却永远是队伍中的“排头兵”，家长难免会有些担心。

牛萌是一个生性胆怯、害羞的六年级男生，常常为一件事而烦恼——身高。牛萌现在是班级里最矮的男生，看见比自己高的同学他心里很羡慕，觉得自己太矮了。

这天，学校篮球队选拔队员，牛萌鼓足勇气前去面试，可是无情地被淘汰了。他垂头丧气地回到家，父亲关心地询问：“怎么了，萌萌?”

“篮球队没要我，因为个子不够高……”牛萌低语。

牛萌也正说中了父亲的痛心处。牛萌的父亲和母亲本身就不高，当初妻子怀孕的时候，父亲就曾经担心过孩子将来个子矮，那时候安慰自己担心得太早了。现在，父亲的心里是一天比一天沉重，他觉得是自己的“基因”害了儿子。

牛萌抬头看看没有说话的父亲，他想起曾经在电视里看见过的增高药，想让父亲买，可是又不敢向父亲说。

父亲看到儿子吞吞吐吐的模样，问：“有什么话就说!”

"我……我看到有一种增高药……"牛萌话还没说完，父亲就打断了他。

"那种都是骗人的！我们多锻炼，然后让你妈妈给你做点好吃的，会长高的！有些人天生就比别人长得晚，你看我同事家的儿子，现在大学快毕业了，184 厘米，他当年初中的时候和你差不多高，到了高三一下子就蹿上去了！"

听了父亲的安慰，牛萌心里好受了很多。

在六年级，家长除了要重视孩子的学习外，更要重视孩子的身体发育，因为学习可以以后努力赶超上去，而孩子身体发育如果错过了最好的时机，则会留下难以弥补的遗憾。

孩子长不高的原因

孩子长不高的原因主要有以下几个方面。

第一，身高与遗传有关。人的最终身高绝大多数取决于遗传因素。也就是说，在一般情况下，父母身材高，子女身材也高；父母身材矮，子女身材也矮。

第二，身高与体育锻炼有关。据调查，体育锻炼能使男孩子的身高一年内比不锻炼的同龄人多长 1～2 厘米，女孩子多长 2～3 厘米。这主要是因为运动以后生长激素分泌明显增加。国内外研究者一致肯定：运动有助于长高。

第三，身高与精神因素有关。现在医学已经证明，心情左右着人的荷尔蒙的分泌，而荷尔蒙是决定生长的关键因素。如果孩子经常保持好心情，就可以促进成长。精神上受过严重创伤的孩子生长发育会迟缓一些，甚至停滞。

第四，一些平时不被特别重视的疾病是抑制身高的大敌。比如肠胃炎，它可能使孩子不能正常吸收营养，如果孩子不能正常吸收营养，怎么长高呢？另一个就是鼻炎，鼻炎看上去不是什么大病，可是如果得了，孩子很可能时常莫名其妙的情绪低落，容易发脾气。还有就是关节炎，直接关系到孩子长高的骨关节。感冒也是抑制身高的大敌，它会消耗孩子身体大量的能量。

第五，身高与睡眠有关。人的个头是在睡眠中增长的。六年级是孩子生长激素分泌比较旺盛的时期，生长激素使四肢骨骼增长，所以家长一定要保证孩子有充足的睡眠，每天至少要睡足 8 个小时。

第六，身高与营养有关。从某种意义上说，身高是营养物质（特别是蛋白质）“堆砌”起来的。全面、合理的营养是影响孩子身高的因素，同时也是补救孩子身高的必要条件。

带孩子去医院做一下检查

如果特别担心孩子的身高问题，家长可以带孩子到医院，给孩子的骨骼拍个片子，然后让医生看看，孩子的骨骺是否闭合。如果没闭合，孩子就是 20 多岁了一样会长个儿。这样可以消除孩子和家长的担心。

注意孩子的饮食习惯

首先，含糖量过多的食品是增高的大敌，精米、精面、甜点、可乐、果汁都会妨碍钙质的吸收。摄入过多盐、油炸食品也不利增高。多吃蛋白质、糙面糙米、豆类、虾、贝、牛肉、鸡肉、动物肝脏、深色蔬菜等食品对增高有帮助。

锻炼有助于长高

生活中的一些运动特别有助于长高。例如：摸高练习、爬杆或爬绳梯、上体前引、交叉伸展、跳绳、跳皮筋、踢毽子、单杆悬垂、游泳。这些训练会增加关节、韧带的柔韧性，有助于身高发育。但是像举重、杠铃、铅球、铁饼等负重训练，不适宜作为18岁以前青少年的经常训练项目，家长要注意，以免影响孩子的身高发育。

让孩子保持愉快心情和健康的身体

心情对孩子的身高也是有影响的，因此家长要多和孩子沟通想法，让孩子保持一个平和、愉快的心情。六年级的孩子升学压力比较大，心灵很敏感，家长一定要比平时多花些精力在孩子身上，从某种层面上来说，孩子的心情比孩子的成绩更重要。

另外，家长要注意孩子的身体健康状况，保证孩子充足的睡眠。孩子如果生病要及时治疗，不要想当然地以为“过阵子就好了”。要知道，疾病对孩子的身体发育也是有很大的负面影响的。

不要相信增高产品

许多家长看着矮小的孩子非常着急，见到广告或听到什么增高产品，在不知其药理作用的情况下，无论代价如何，都要去试一试，结果，当效果不佳时才找专科医生就诊，此时可能已失去最佳治疗时机，或已有不良后果，家长后悔莫及。专家提醒，一般来说广告中的增高产品中多少有些性激素，性激素可以促进骨骼的生长，但同时性激素又促进骨骺闭合，缩短人体骨骼生长的时间。家长让孩子服了半年的药长了几个厘米，可付出的代价却是丢失了3年的长高时间。

不要盲目等待孩子自己“蹿个儿”

有的家长认为“23岁还蹿一蹿”，孩子个矮不着急，有早长晚长之分。当发现孩子真的不长时，再到医院就诊为时已晚，孩子可能骨龄较大或骨骺已闭合，失去最佳长高时机。有家长后悔说：“老人说孩子有早长、晚长，我们孩子自小就是小排头，我们总认为孩子以后还会长，可谁知……”错误的观念可能让孩子遗憾一生，家长一定要重视孩子的生长发育情况，有必要的话及时去医院检查。

科学地对男孩解释遗精现象

青春期教育是六年级孩子健康教育的一个重要方面，有的男孩在五六年级就发生了遗精的生理成熟现象，家长要及早做好准备，在适当的时候和孩子聊一聊“成熟”的话题。

弘毅今年六年级，这天早晨起来，他刚准备下床去厕所，就感觉内裤里湿漉漉的。揉着朦胧的眼睛，弘毅到厕所一看，裤子里居然有白色的“不明物体”!

“哪里来的白色东西?”一开始弘毅还不明所以，后来他猛然想到在学校举办的一次讲座上曾经提到过的“遗精”，难道自己遗精了?

弘毅提着裤子蹑手蹑脚跑回房间，换下内裤，看看时间来不及，就没有洗内裤，而是偷偷把它塞到了衣柜里。

到了学校后，早晨那条没洗的内裤一直让弘毅放不下心，他怕妈妈收拾房间发现，那该多糗啊！放学后，弘毅第一个冲出教室赶回家，刚进家门，他就看见了自己的内裤洗干净晾在阳台上了。弘毅不好意思地坐下后，父亲走了过来，先是东拉西扯，然后找到机会与他谈起了“男人的话题”。弘毅摆脱了一开始的尴尬，仔细听了爸爸讲述的遗精的原因等相关知识，他很开心，自己终于向“成熟”迈进了一大步。

男孩遗精的现象往往发生在夜间入睡后，在睡眠中，阴茎自主性地勃起并遗精。遗精往往发生在男孩睡梦中并伴有梦见异性而引起，故也称为梦遗。我国儿童首次梦遗发生在 13 岁左右，也有 11 岁左右就开始首次遗精的青少年。家长要注意的是，随着当前儿童营养状况的改善，儿童性成熟普遍提前，儿童首次遗精的时间也在提前。

一般来说，男孩首次遗精是他的生理、心理上从未体验过的“新鲜事物”，所以他们往往既激动又紧张，如果没有家长和学校的提前教育，他们往往以为自己得了什么病。有些孩子知道这就叫遗精，但如听说过“一滴精，十滴血”的传统说法，也会情绪紧张，生怕遗精会影响自己身体健康。有些孩子第一次发现遗精弄到了床单上或短裤上，非常害羞，生怕父母责备，也会心理紧张。

作为家长，特别是孩子的父亲，要注意观察孩子的身心变化，看到孩子梦遗发生后，应以一种祝贺的态度向孩子说明他已经长大。要用科学知识来消除孩子的紧张情绪和拘束心理。

向孩子解释清楚遗精是怎么回事

家长特别是父亲要帮助孩子调节紧张心理，告诉孩子遗精是每个男子都要经历的一种生理现象，是完全正常的。此时家长以一种科学态度，结合相关的生理卫生的书籍，向孩子解释清楚遗精是怎么回事。

父母在与孩子谈及遗精问题的时候，不要特别提出此事作为谈话资料，更不应加以冷嘲热讽。如果孩子自己去洗干净，最好当做没有看见，不要说：“是梦遗吧？没有什么可耻的。”这样反而不好，只会使孩子感到尴尬、难为情。然而，如果孩子把弄脏的衣裤放在衣柜里，父母就应该明确告诉他脏衣服应拿出来洗。作为父亲应该及时找个机会在适当的场合，如与儿子单独闲聊中，有意无意地向他解释一下有关生理性遗精的知识，着重说明这是一种正常的生理现象，俗话说“满则溢”，完全不必为此感到羞耻。

明确告诉孩子遗精无害

在我国古代，对精液看得十分重要，认为这是有关健康、长生的大事。

正因为将此看得过于重要，并涂上了神秘的色彩，就使得民间有“一滴精、十滴血”的说法，这是不科学的。从精液的“生产”状况来看，只要不是过量地射精，身体不会入不敷出；从精液的成分来看，它所含的各类物质微乎其微，所以遗精带来的消耗不是来自精液自身。

那为什么射精之后孩子会有疲劳、虚脱之感呢？射精要经过一系列活动才能完成，如阴茎的勃起、神经中枢的兴奋、腰腿肌肉的紧张。这种性反射引起的性兴奋与激动，对人的精神与体力是一个很大的消耗。这种性器官的一系列的“辛勤”工作，会带来一定的疲劳，于是头昏眼花、精神委靡、困倦等症状接踵而至。

培养孩子健康的心理素质

遗精发生后，男孩开始有了性憧憬、性冲动，手淫现象也可能发生，此时家长要教育孩子把精力主要放到学习上，鼓励孩子多参加集体活动，广泛结交同性、异性朋友。在今天的社会环境里，对孩子进行性刺激的东西很多，所以，要教育孩子不看色情图片、画报，不看黄色的影视作品，不进入一些色情场合，不讨论色情内容的话题，培养高尚的道德情操和健康的心理素质。

让女孩顺利度过月经初潮

月经初潮意味着女孩的成长，是进入青春期的标志之一。有调查表明，六年级来月经女生所占比率为40%，五年级为12%，四年级为1.9%。这些数据证明，青少年青春期在提前，家长对小学六年级女生开展青春期教育很有必要。

晓彤今年上六年级，这天正在上体育课，突然她觉得体下有“水”缓缓流出，但因为在上课就没有多想。

下课后，晓彤去厕所，赫然发现自己的内裤上殷红一片，霎时她明白了——自己来月经了。惊讶过后，晓彤并没有特别不安，因为身边好几个女同学已经来了月经，而且老师也提过相关知识，于是她拿卫生纸垫了一下，向老师请假并打电话给妈妈。

妈妈赶来学校，给晓彤拿来了卫生巾。晓彤非常不好意思，妈妈笑着说：“没关系，这是每个女孩子的必经之路，等你放学回来之后，妈妈再跟你讲讲经期要注意些什么！”

晓彤点点头，害羞地跑开了。

月经是女性成熟的一个标志，是女性有生育能力的标志。当孩子迎来月经初潮的时候，爸爸妈妈，尤其是妈妈要特别细心地帮助孩子顺利度过这一特殊时刻。

告诉孩子月经来的"真相"

孩子月经初潮来临之后，家长要找机会对孩子讲一讲月经的"真相"。月经，又称作月经周期，是生理上的循环周期。每隔一个月左右，子宫内膜发生自主增厚，血管增生、腺体生长分泌以及子宫内膜崩溃脱落并伴随出血的周期性变化。这种周期性阴道排血或子宫出血现象，称为月经。当然，在对孩子解释什么是月经的时候，家长不必说得这么复杂，只要明确地告诉孩子这是成长的正常现象，并且以后每个月会按照一定规律来临就可以了。如果孩子深究，那么就可以对孩子解释得再细致一些。

必须让孩子知道的经期注意事项

因为孩子是第一次来月经，所以很多注意事项家长必须对孩子告知。

第一，卫生巾应该及时更换。血液是细菌生长繁殖很好的培养剂，细菌很容易在这些地方生长和繁殖起来。同样，在外阴、阴道也会有一些经血，那么如果不及时更换卫生巾的话，生长繁殖起来的细菌就往上走，就有可能会造成一些炎症。及时更换卫生巾是很重要的。一般四个小时更换一次，不管是量少还是量多。

第二，经期运动要量力而行。做任何运动，身体的感觉是最重要的。女孩来月经的时候，如果没有感觉不舒服，体力较充沛，那么家长可以让她和往常一样生活起居及活动；如果孩子在那几天感觉全身不舒服或者痛经，可先不运动，增加休息的时间和频率；如果孩子在经期感觉心烦、睡眠质量不高、头晕，此时建议孩子最好保持适度运动，以保持自信与乐观的心情，减轻心理压力，还可以改善血液循环，减轻骨盆充血和帮助经血的排出。

调整孩子的饮食习惯

孩子月经的时候，饮食也要有所注意。首先，孩子不能吃生冷的蔬菜、水果和冰冷的饮料，因为生冷的食物会降低血液循环的速度，进而影响子宫的收缩及经血的排出，引起月经痛。其次，最好不让孩子吃太咸、味道太浓的食品。过咸的食物会使孩子体内的盐分和水分贮留增多，在月经来的时候很容易发生头痛、情绪激动和容易生气等症状。过浓的咖啡、茶等，容易刺激神经和心血管，以致产生月经疼痛、经期延长和经血过多等不适症状。再次，在孩子月经期间，家长要注意给孩子补充一些补血的食品，常见的补血食品有黑豆、发菜、胡萝卜、面筋、菠菜、金针菜、龙眼肉等。

孩子月经不调不要担忧

很多女孩的月经会不准时，有时会频频相扰、淋漓不断；有时又两三个月杳无声息，经血量也时多时少。一般来说，在初潮后最初几年里，月经大多是不规律的，大约要过5年以后，月经才会以一定的规律按时出现。比如，有的女孩两个月来一次月经，这样的规律也是正常的。在初潮以后的五年里，即使两年来一次月经，也很常见，并不能说明身体有什么异常病症，更不会对生长发育和未来的结婚、生育等产生影响。

孩子痛经的对策

女孩在月经前或月经期间，往往会感到有些不适，如腰酸、下腹坠胀、乳房发胀、精神疲倦、情绪不稳等，有些甚至会出现轻度浮肿和痤挛性疼痛。这些都是生理现象，不至影响日常生活和学习。但是，部分女孩月经前或月经期会感到下腹部阵发性疼痛，难以忍受。有时，疼痛还会扩散到会阴部或者腰部，常伴有恶心、呕吐、尿频、腹泻或者便秘等症状。腹痛剧烈时还会出现面色苍白、手足冰冷，甚至昏厥。这在医学上称为“痛经”。痛经可能持续数小时或一两天，一般在经血畅流后疼痛也就缓解了。

理论上讲，月经初潮或初潮后不久就发生痛经的现象是比较少的。可是，在实际生活中，13～19岁少女发生痛经的却相当普遍，近年来似乎还有上升的趋势，并且有些少女往往还会感到疼痛程度逐年加重。

那么，当孩子痛经的时候，家长可以做些什么呢？

第一，通过热敷减轻疼痛。热敷可以减轻孩子的疼痛，家长可以在孩子腹部放置热水袋，也可让孩子多喝热开水，保持体温，这样能明显减轻痛经的痛感。

第二，利用按摩治疗痛经。按摩治疗痛经的方法是：首先，让孩子的身体完全放松地俯卧在毯子上，舒展身体，平伸双臂，脚趾向内，按摩过程中保持一个尽可能舒服的姿势很重要；其次，摸到孩子背部的骨盆上脊，轻轻向脚的方向推去，每秒大约1～2次。要注意的是前后推，而不是画圈。

第三，服用药物。痛经治疗中药物主要起两种作用：止痛和稳定情绪。痛经开始时可以服用一定量的止痛药，比如芬必得、阿托品片及安定片等，止痛效果都很好。但一定要注意尽量避免通过止痛药来缓解痛经症状。